La Nuit qui vient de l'Orient

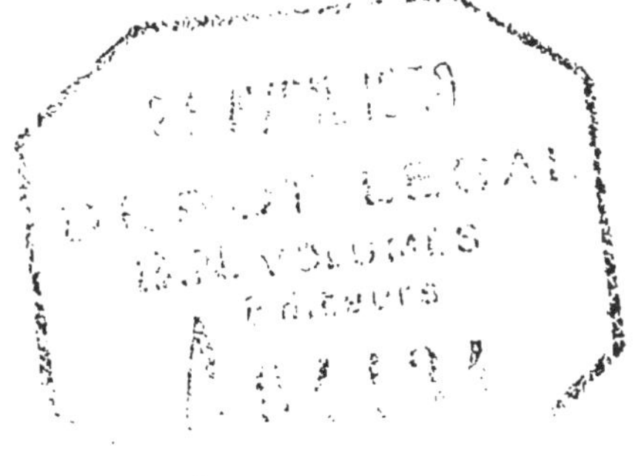

DU MÊME AUTEUR

CHEZ PLON

AU PAYS DE LA DÉMENCE ROUGE (LA RÉVOLUTION RUSSE)

L'APOCALYPSE RUSSE

LES ÉPAVES BLANCHES (Roman).

CHEZ J. FERENCZI ET FILS

EXCELLENCES (Roman).

CHEZ FRITZES (Stockholm)

FRANKRIKE I VÅRA DAGAR (La France de nos jours).

EN PRÉPARATION

SVEA

Serge de Chessin

La Nuit qui vient de l'Orient

Librairie Hachette

A HENRI MASSIS

le Défenseur de l'Occident.

PRÉFACE

Un parti qui n'aurait pas seulement sa politique, mais aussi sa métaphysique, sa théologie, son esthétique, sa philosophie de l'histoire, sa doctrine littéraire, ne saurait rendre aucun bon service à ces disciplines. Il ne saurait aboutir qu'à les opprimer sous des conventions aussi stérilisantes qu'impératives.

Ce parti, dont M. Pierre Lasserre n'a parlé qu'au conditionnel, ce parti existe depuis 1917 : c'est le parti communiste. Il n'a pas seulement sa métaphysique, sa théologie, son esthétique, sa philosophie de l'histoire, sa doctrine littéraire, il a même sa cosmogonie et sa morale. La profession de foi bolchevique est d'une portée universelle. Le Credo *légué par Lénine embrasse tous les domaines de la connaissance et s'applique à toutes les manifestations de la vie. Pour ambitionner le titre de vrai communiste, il ne suffit pas de reconnaître l'omnipotence de la dictature prolétarienne : il faut lui attribuer une omniscience absolue.*

La doctrine rouge rappelle ainsi ces religions rudimentaires qui ramassaient à l'usage des barbares, dans des formules simplifiées à outrance, tous les résultats d'une civilisation primitive. C'est dire qu'elle marque un recul et qu'elle paralyse le progrès. Son extrémisme dissimule la pire des réactions, une mainmise policière sur l'indépendance de l'esprit ; sa dynamique révolutionnaire masque le pire des états statiques, une pétrification des cerveaux : ce n'est plus la lumière, c'est la nuit qui vient de l'Orient — une nuit épaisse, des ténèbres intégrales, un renouvellement d'invasions mongoles sur le plan spirituel, dans l'attente d'une chevauchée apocalyptique de l'Asie bolchevisée.

Cette nuit ne s'attaque pas qu'à la substance grise de l'Europe : elle charrie des bacilles d'une effroyable dissolution morale, une épidémie encore inédite d'abjections et de stupres. Si nauséabondes que soient certaines réalités soviétiques, il convient — mesure de prophylaxie indispensable — d'en établir au grand jour les plaies hideuses et les chancres suppurants. Que la IIIe Internationale réussisse dans son œuvre de propagande, nous verrions le darwinisme, théorie annexée par le « marxisme scientifique », jouer à rebours en France comme en Russie, et les citoyens marqués au front de l'étoile soviétique se transformer en macaques lubriques et grimaçants. Doctrine universelle, le bolchevisme est aussi une intoxication d'ordre général, une lèpre monstrueuse qui dégrade les âmes et corrode la pensée : telle est la vérité dont ce livre a l'ambition de fournir la preuve, par l'exemple d'un pays rejeté vers l'âge des cavernes, mais de cavernes qui seraient en même temps des lupanars.

LA NUIT
QUI VIENT DE L'ORIENT

PREMIÈRE PARTIE

L'ANNEXION DE LA PENSÉE

I

UNE MÉTAPHYSIQUE DE CLASSE

Ce titre, au premier abord, pourra surprendre et même scandaliser par les ambitions philosophiques qu'il attribue au bolchevisme. La révolution russe a-t-elle été autre chose qu'un « chambardement général », chaotique et aveugle? Est-il permis de rattacher ses négations brutales et ses réalisations hâtives à une conception métaphysique ou scientifique de l'univers? Le grand soir a-t-il besoin d'une justification cosmologique?

De pareilles questions ne manqueraient pas de provoquer un sourire de mépris aux lèvres des hommes qui président aux destinées de la Russie et de la révolution mondiale. Tous, bourreaux ou théoriciens, tous s'affirment des manieurs d'idées. Ajoutons : des intellectuels dénués de formation classique, sans attaches avec un milieu déterminé, des cerveaux sans discipline, des ambitions sans frein. On imagine les ravages opérés dans ces terrains volcaniques par les semences empoisonnées de Hegel et de Marx, ces deux pères spirituels de la frénésie russe. Avant de s'attaquer aux réalités vivantes, des générations entières de révolutionnaires avaient confondu leurs abstractions avec le champ de leurs expériences futures. Les wagons plombés, mis à la disposition de Lénine et de ses amis par l'Etat-Major allemand, contenaient un véritable chargement de virus métaphysique *made in Germany*. La Russie, par avance, était réduite à des schémas élaborés dans l'exil. Déjà, dans ses premiers ouvrages, tels que *Tchto Delat?* (Que faire?), Lénine mettait la théorie à la base de tout mouvement révolutionnaire digne de cette épithète : « Le parti, écrivait-il textuellement, ne saurait remplir son rôle militant qu'à la condition d'être guidé par une théorie d'avant-garde » ; il condamnait avec dédain les « déclenchements de forces sociales irrationnelles », qui « diminuent l'importance des éléments conscients du prolétariat ».

La révolution est donc une science. A ce titre, elle peut être enseignée comme la minéralogie ou la botanique. Elle a sa méthodologie, ses séminaires d'application, ses laboratoires d'expérience. Autodidactes en majorité, les leaders bolcheviks professent pour les conférences et les cours un véritable fétichisme. L'enseignement *ex cathedra* comporte à leurs yeux l'irrésistible faculté de transformer d'emblée la parole en action. Et de là le nombre inouï d'écoles supérieures pour préparer des docteurs doublés de techniciens révolutionnaires : les Universités Sverdlof et Zinovief, celles des peuples d'Orient et d'Occident, l'Académie socialiste, l'Institut Karl Marx, la grande Académie de propagande, la Faculté des Sciences sociales à la Première Université d'Etat, l'Institut des professeurs rouges, les cours politiques pour le haut commandement à l'Académie de l'État-major, enfin un réseau serré de « facultés ouvrières », les *Rabfaki*.

Mais les programmes, dans ces Sorbonnes de l'action directe, ont beau comporter des enseignements d'ordre aussi pratique que la stratégie des combats dans la rue ou l'art de pétroler les institutions bourgeoises : à chaque pas, les professeurs versent dans une spéculation échevelée. Le vice rédhibitoire de leur formation intellectuelle les pousse fatalement à ériger en valeurs absolues le drame révolutionnaire et ses principaux personnages. Le prolétariat et la bourgeoisie revêtent les allures d'entités scolastiques et se livrent, en dehors des contingences, aux âpretés livresques d'un éternel pugilat. Rien ne ressemble davantage, en définitive, à l'enseignement médiéval ; la science bolchevique en emprunte le jargon et les formes : elle est toute pénétrée de métaphysique démodée.

Depuis cinq ans, la glorification hyperbolique d'un homme est venue encore aggraver ces archaïsmes. Le rayonnement posthume de Lénine a éclipsé même le prestige dont il jouissait, chef d'école et d'État, dans l'apothéose de son autocratie communiste. Si, de son vivant, il avait déjà pleinement le droit d'affirmer : « Le bolchevisme, c'est moi », après sa mort, cette intégration est devenue encore plus parfaite. Karl Marx, sans doute, demeure toujours le grand initiateur ; personne ne lui conteste la gloire d'avoir orienté le prolétariat vers la terre promise; mais c'est à Lénine, à Lénine seul, que revient l'honneur d'avoir dégagé la quintessence révolutionnaire du marxisme et d'avoir conduit la classe élue jusqu'à la Judée communiste. Pour employer la terminologie moscovite, Lénine a été un réalisateur « sur une échelle planétaire » ; dans le fracas d'une catastrophe historique sans précédent, il a justifié sa doctrine par une expérience sans appel. Amendé et vérifié, ce néo-marxisme s'impose désormais comme la seule dogmatique orthodoxe de toutes les révolutions à venir : en dehors de l'interprétation russe, il n'y a qu'hérésie et trahison. « Nous sommes les plus riches héritiers de l'univers, s'écria Zinovief devant le cercueil de Lénine. Pas un parti politique n'a reçu un héritage comparable au nôtre. Des aveugles osent tracer des parallèles entre Lénine et Napoléon, Pierre Ier, Cromwell... Or, tous les personnages de l'histoire sont de misérables nains à côté de notre géant.... *Sans Lénine, Karl Marx ne serait pas aujourd'hui Karl Marx* » (1).

Cette phraséologie ne contient pas que du lyrisme funéraire : elle correspond à une impérieuse nécessité doctrinale et politique. Quelques jours avant de s'effondrer dans son Nirvanah cérébral, Lénine donnait à ses disciples ce conseil *in extremis* : « Pardessus tout, évitez les schismes au sein du parti communiste.... Conservez intacte et pure l'autorité du Comité central ».... Le moribond donnait par là la pleine mesure de sa dextérité tactique. Il com-

(1) *Petrogradskaia Pravda*, n° 288 de 1924.

prenait admirablement que, pour dominer un pays de petits producteurs ruraux, le parti communiste — une infime minorité — devait rester un « monolithe sans fissure ». Il savait qu'au moindre craquement de la pragmatique révolutionnaire, la désagrégation de l'État-major qu'il avait si laborieusement constitué allait entraîner la chute de la dictature soviétique. Tant qu'il avait la pleine possession de ses facultés mentales, il parvenait toujours à suppléer, par les ressources de son incomparable casuistique, aux louvoiements et aux défaillances de la doctrine. Son autorité s'imposait avec assez de force pour apaiser les mortelles jalousies qui dévoraient ses disciples, pour remédier aussi à leur dépravation, à leur mesquinerie, à leur nullité. La vérité, c'est que Lénine seul, grâce à son prestige de pape révolutionnaire, donnait au parti communiste l'apparence d'un impeccable monolithe. Ainsi s'expliquent, pendant les deux ans qu'a duré la maladie de Lénine, les efforts désespérés du communisme aux abois pour galvaniser un « cadavre vivant ». Le cerveau en bouillie, la bouche crispée par un rire idiot, Lénine restait toujours une façade et un drapeau. De temps en temps, pour leurrer l'opinion sur l'irrémédiable hébétement du grand chef, la camarilla bolchevique exhumait quelque vieil article inédit ; elle n'hésitait pas, souvent, à pasticher le style du paralytique et, lorsque des rumeurs trop sinistres soulevaient la plèbe, à promener dans une automobile, aux côtés de Mme Kroupskaia, un sosie complaisant.

L'apothéose de Lénine relève des mêmes nécessités que ce macabre carnaval. Pour assurer la pérennité de la doctrine, il a fallu galvaniser cette fois-ci un vrai cadavre. La dépouille de Lénine repose à une place d'honneur que pas un tzar n'eût osé ambitionner, à l'entrée du Kremlin, cœur de la Russie, et face au monument de Minine et Pojarsky, sauveurs de l'antique Moscovie. Les troupes lui présentent les armes, les drapeaux rouges s'inclinent ; les yeux fixés sur la tombe du prophète, les recrues prêtent serment à la patrie prolétarienne. Trahir cette patrie équivaut au double crime de trahir la mémoire de Lénine et les préceptes du Léninisme. La doctrine se confond avec un homme dont la moindre ligne, la moindre boutade deviennent d'infaillibles critères. Un Institut spécial vient d'être consacré à l'étude du système léniniste, énorme bâtisse élevée dans le style de cénotaphe qu'affectionnent les architectes bolcheviks, et dont les cinq étages abritent une bibliothèque de 600.000 volumes, la collection complète des ouvrages de Lénine — 759 éditions dans 140 langues — et toute une armée d'exégètes, de casuistes et de gratte-papier. C'est le temple du communisme. A la place de l'arche sainte figurent des coffres-forts, reliquaires blindés, où jaunissent 13.135 manuscrits du Maître, la Tora rouge. Jamais, il faut en convenir, des marxistes n'ont transgressé avec plus de désinvolture un principe fondamental de leur doctrine en accordant une telle importance historique à un individu.

Il est vrai que jamais chef d'école ou d'État n'a imprimé à son œuvre un caractère aussi indélébile de sa personnalité. La Russie bolchevique est la chair de la chair de Lénine : tout y porte sa marque de fabrique et sa griffe ; partout éclatent les stigmatés d'une irrépudiable paternité : l'U. R. S. S. n'a de pensée officielle qu'en fonction de Lénine ; elle en a épousé les méthodes mentales, elle en a conservé même les grimaces et les tics, les manies et les lubies. Poussée à ce degré, une filiation psychologique dénote nécessairement une sorte d'harmonie préétablie entre la structure cérébrale de Lénine et les particularités de la métaphysique communiste. Pour avoir de celle-ci une conception exacte, il est indispensable d'étudier le prisme monstrueux au travers duquel, depuis douze ans, la lumière des choses se brise aux yeux de la Russie.

Le terme « monstrueux » n'est nullement employé ici dans un sens péjoratif. Lénine relève de la tératologie mentale comme les frères siamois relevaient de la tératologie physique. Il est l'aboutissement définitif, la résultante, l'incarnation de tout ce que les révolutionnaires russes, depuis Tchaadaef, ont légué à leurs successeurs de nihilisme moral et de cynisme intellectuel. Une ébauche de Lénine, on pourra la reconnaître en ce prodigieux visionnaire proclamé fou par oukaze de Nicolas Ier ; on la trouvera encore dans les fictions prophétiques de Tourguénief et de Dostoïevsky, la sécheresse scientifique d'un Bazarof, le cynisme méprisant d'un Verkhovensky, l'athéisme canaille d'un Smerdiakof. Mais l'hypertrophie cérébrale, chez Lénine, s'est développée sur un fond de table rase que les romanciers ont osé à peine entrevoir, un néant sentimental et moral, qui a permis des licences encore insoupçonnées aux débauches de la pensée et aux soubresauts de l'orgueil. Ecoutons Tchaadaef : « La Russie n'appartient ni à l'Europe ni à l'Asie;

ni à l'Ouest ni à l'Est ; elle n'a pas de traditions ; elle n'a pas fait ses humanités ; elle n'a pas été élevée à l'école divine de l'histoire. Peuple sans parenté, sans passé, sans mémoire, nous n'avons pas pris l'habitude de la civilisation ; nous avons l'air de nomades, et, dénués d'attaches spirituelles, nous campons dans des bivouacs. Tout nous manque : les souvenirs charmeurs de l'adolescence nationale, les figures légendaires, les enseignements de l'expérience. » Rapetissé à la mesure d'un homme, ce terrible diagnostic contient en puissance la clef de la psychologie léniniste. Oulianof, grand lunaire du bolchevisme, s'inscrit en dehors de l'espace et du temps, en dehors de la civilisation, en dehors de l'humanité. Son olympisme est affranchi de toutes les lois et de toutes les catégories. Pas un souffle de poésie, pas un frisson de pitié, pas une trace de tradition ou de nostalgie historique : — une machine à penser devant une table de vivisection. Un appareil de précision, certes, aux rouages impeccables, mais avec tous les vices inhérents aux machines, même les plus perfectionnées : spécialisation aveugle, simplification brutale, étranglement de l'initiative.

Déjà Joseph de Maistre redoutait à la tête de l'émeute russe l'apparition d'un « Pougatchof universitaire ». Le grand écrivain ne s'était trompé que sur le degré de l'enseignement suivi par la révolution. Le Pougatchof bolchevik est un primaire. Malgré la puissance de sa pensée et le tour scientifique de ses livres, Lénine a toujours eu du primaire l'intransigeance dédaigneuse, l'assurance outrecuidante, les affirmations béates, l'incapacité organique de supporter une objection. Il s'adressait beaucoup plus à la mémoire qu'à l'esprit. « Au lieu d'approfondir les principes révolutionnaires, répétait-il, bornez-vous donc à les apprendre par cœur (1). » Trotzky a insisté longuement sur cette « faculté d'être sourd et aveugle pour les événements étrangers au but poursuivi, » la superbe indifférence de Lénine envers les « causes secondaires et les circonstances fortuites ». L'avarie du cerveau, de plus en plus, avait aggravé chez Lénine les tendances invétérées à la monomanie, et ses derniers discours n'ont été qu'un triste ânonnement de pléonasmes, débités par un bourreau cérébral.

Et pour couvrir la nudité de ces idées fixes, un style qui en accentuait encore davantage l'impudeur : mélange d'annotations algébriques et de trivialités ordurières. Lénine, de tout temps, s'est complu dans un cynisme goguenard et populacier. Il a été l'expression la plus parfaite du méphistophélisme congénital de la révolution russe. Il n'a jamais eu que des grimaces gouailleuses pour la moindre manifestation d'une aristocratie intellectuelle, artistique, littéraire ; il a toujours tiré la langue à la poésie et livré la fleur de la vie au piétinement des bottes moujiks ; hissé au faîte du pouvoir, il s'est contenté, au Kremlin, d'un cabinet de travail à peine plus confortable que son garni de Zurich ou de Carouge : une table à écrire, des chaises cannées, un fauteuil fatigué et, sur les murs, des diagrammes et des cartes géographiques. Un seul portrait : celui de Karl Marx. Un seul bibelot : un singe en bronze avec un crâne humain dans les

Tome XV des *Œuvres complètes*, p. 24.

pattes : symbole du darwinisme. Par les fenêtres, Moscou a beau éployer ses féeries byzantines.... Pour le prophète en veston râpé qui mâche une croûte de pain noir entre deux séances du Comité exécutif, l'univers se réduit à ces diagrammes, à ces cartes, à ce gorille, premier ancêtre du prolétariat victorieux. A l'usage des camarades qui éteignent des cigarettes contre des Gobelins, la pensée se dépouille de son auréole. Et, derrièrele masque mongol, on entend ricaner l'éternel Smerdiakof des *Frères Karamazof*.

Tout ce sadisme, il n'a pas seulement dépravé d'une manière irréparable les mœurs du parti communiste : il en a pourri aussi le cerveau ; il en a vicié les procédés de raisonnement. Qu'il s'agisse de science, de philosophie ou de politique courante, c'est la même absence de scrupules dans les moyens, la même violence imposée aux réalités pour les emprisonner dans des cadres marxistes, la même exploitation des plus bas instincts et des plus odieuses promiscuités. Tout est permis au service de la « Cause » : collaboration avec l'*Okhrana*, avec l'État-major ennemi, avec les banques étrangères, avec les récidivistes de droit commun. L'un des *Possédés* de Dostoïevsky, Verkhovensky, avait déjà découvert un facteur révolutionnaire dans Fedka, le forçat. Lénine n'a fait que pousser au paroxysme cette indulgence envers les bagnards.

Les émeutiers de salons, les snobs communistes devraient lire et relire *Les Années de victoire et de défaite*, par Vladimir Voitinsky, témoignage écrasant sur les tares morales et intellectuelles du sectarisme moscovite. « On ne fait pas la révolution avec des mains propres, ni en gants blancs. On ne juge pas le parti communiste d'après les mesquines mesures de la morale bourgeoise ; un vaurien peut nous être utile, précisément parce qu'il est un vaurien. Un bandit, un récidiviste sont plus précieux sur les barricades qu'un Plekhanof (1).... Le camarade Victor — voilà un révolutionnaire irremplaçable : il se fait entretenir par la femme d'un riche marchand pour pouvoir verser de l'argent au parti.... Serge Malychef, un excellent député : s'il le faut, il cassera la figure au président de la Douma.... »

Le bolchevisme ne procédera pas autrement pour échafauder sa métaphysique.

(1) Le chef du parti social-démocrate russe.

2

II

UNE THÉOCRATIE DE PRIMAIRES

La métaphysique léniniste sera donc une métaphysique de classe. Aux curiosités superficielles des analphabètes, elle devra fournir des réponses précises moulées dans des formules à l'emporte-pièce. Libre aux bourgeois de poursuivre des songes creux ! Il faut qu'au cours d'un meeting, le labeur quotidien achevé, l'ouvrier soit en mesure de clarifier tous les mystères. Ravalée à son usage, la métaphysique éteindra les étoiles et rampera sur terre. La vérité, c'est la réalité journalière, objet direct de la perception prolétarienne, et tout ce qui dépasse ce matérialisme de hottentots est un luxe frivole de capitaliste.

Chaque jour, les journaux destinés à la consommation populaire, la *Bednota* et la *Derevenskaia Kommuna*, contiennent une rubrique où les énigmes séculaires sont déchiffrées en un langage de réunion publique. La naissance du monde devient aussi simple que l'expropriation des banques. La « clarté offensante », reprochée par Trotzky aux méthodes de la dialectique léniniste, inonde les ténèbres cosmologiques d'une lumière de lampe à arc. Expurgées de toute nuance, dégradées au niveau d'un abécédaire squelettique, les grandes hypothèses matérialistes sont offertes au moujik — nous le verrons plus tard — sous forme d'un appendice à la constitution soviétique. Comme toujours, les primaires demandent à la science des satisfactions qu'elle est impuissante à leur fournir. « Un ouvrier électricien, écrit Lounatcharsky, qui, en tournant un commutateur, peut éclairer une ville entière, ne croira plus jamais que Dieu ait créé le soleil... »

Il n'y a pas là qu'une boutade. Le léninisme, — même pour les plus doctes des leaders bolcheviks, — est inséparable d'une sorte d'apriorisme révolutionnaire. Le gorille qui grimaçait à la place d'honneur, sur la table de Lénine, préside à toute la métaphysique officielle. « Que n'enseigne-t-on pas à l'Université communiste Sverdlof? écrivent les *Izvestia*. La géographie, la statistique, l'histoire du mouvement ouvrier, la physique, la chimie, les mathématiques, la biologie, l'astronomie, la géologie, le matérialisme historique.... Ecole de sciences sociales, cette Université n'en accorde pas moins une grande place aux sciences naturelles.... Les professeurs enfoncent admirablement les conceptions matérialistes de l'univers dans le cerveau d'une jeunesse qui a quitté l'enclume ou la charrue.... Toute l'essence du matérialisme est dans une série de bocaux, depuis le liquide trouble où nage l'infusoire jusqu'au singe, jusqu'à l'homme... Tout le marxisme dans un bocal !... »

A l'Institut des professeurs rouges, chargé de former un corps enseignant digne de la confiance soviétique, les élèves, avant de se choisir une spécialité, suivent des cours communs sur les « fondements du marxisme » : le matérialisme dialectique, historique, sociologique, économique. Le professeur Pokrovsky, directeur de l'Institut, a fait de ce programme, dans la *Pravda*, une apologie qui dénonce en toute leur étendue ambitieuse les prétentions que s'arroge le communisme. « Le marxisme seul, en effet, se hausse au niveau d'une science, car seul il est conforme aux sciences naturelles.... (1) Tandis que toutes les autres méthodes ne sont qu'une idéologie des classes dominantes, le marxisme, c'est l'adaptation organisée de l'homme aux conditions matérielles de l'existence... »

Ainsi s'explique la filiation logique qui rattache le système léniniste au plus vulgaire des matérialismes. Pour réaliser avec succès le bonheur social, la révolution doit écarter de sa clientèle toute inquiétude susceptible de la distraire de ses préoccupations pratiques. Comment circonscrire les soucis de l'humanité aux conditions purement matérielles de l'existence, si la matière n'est pas l'alpha et l'oméga de l'univers bolchevisé? Le spiritualisme devient un « ennemi de classe ». Le prolétariat n'a que faire des doctrines qui se réclament de forces invisibles et de présences impalpables. Comme Heine, il « abandonne le ciel aux moineaux ». C'est sur la terre déblayée de ses parasites, la terre rénovée par la guerre civile, enrichie par une collaboration intime de l'homme avec la machine, qu'il édifiera son royaume des cieux véritable, ce paradis rouge dont

(1) Les programmes de certaines facultés ouvrières portent sur les « bases biologiques du matérialisme dialectique » et les « bases biologiques de l'économie politique ».

Lénine avait déjà donné l'avant-goût dans cette formule édifiante : « Communisme plus électrification ». Qu'un tracteur américain arrive dans un « coin d'ours » de la République Fédérative : les membres de la cellule locale promènent en triomphe le mécanisme ronflant et trépidant; les moujiks « conscients » agitent des chiffons ponceau et bêlent l'*Internationale* ; l'Eden léniniste entrebâille ses portes.

En septembre 1925, à l'occasion du jubilé de l'Académie russe, Kamenef, alors deuxième personnage de la République, reçut du Comité central la mission de délivrer au communisme son certificat d'identité définitif : la révolution n'est pas qu'une science, elle est la Science, la Science avec un grand S. « Sachez bien, déclara-t-il aux délégués des Académies étrangères, que les méthodes scientifiques sont à la base de notre travail. Les savants ont décomposé le système solaire, le rayon du soleil, l'atome. C'est en suivant cet exemple que nous avons décomposé en leurs éléments constitutifs l'État et la société capitaliste. On nous traite de criminels en raison de cette analyse, mais, déjà, avant nous, Galilée et Darwin n'ont-ils pas été accusés d'avoir violé l'ordre divin? Nous sommes fiers de marcher la main dans la main avec Galilée, Darwin, Newton et Laplace. Nous sommes fiers d'avoir appliqué aux phénomènes sociaux les principes du dynamisme universel. « Tout s'écoule, a proclamé la science; la classe ouvrière a ratifié cette vérité.... »

« Évidemment, daigne concéder Pokrovsky, un microscope, qu'il soit manié par un bourgeois ou par un prolétaire, demeure toujours un microscope :

la qualité des observations est indépendante de la classe spécifique à laquelle appartient l'opérateur, tandis que les divergences sociales reprennent tous leurs droits en matière d'investigations sociales, historiques, économiques. » Seul un communiste peut devenir un savant capable de dresser un système d'ensemble et de fournir une explication générale raisonnée. Le léninisme est donc à la racine de toute connaissance. Il est le Verbe, il est la Vérité.

Mais ici la charpente scientifique de la doctrine ne laisse pas de craquer lamentablement. Le léninisme pourra brandir à satiété des préparations anatomiques : sa métaphysique, si bouffie de prétentions rationalistes, accuse la survivance de la tare bourgeoise par excellence : elle est une religion ! Sous un badigeonnage de terminologie scientifique, elle n'est qu'une médiocre transposition sur un plan révolutionnaire de conceptions religieuses courantes. N'a-t-elle pas son *Credo*, ses fidèles, ses Messies, son Église?

Toujours le moyen âge, en pleine république d'avant-garde : pas de science sans métaphysique, pas de métaphysique sans religion. Le matérialisme darwiniste s'érige en article de foi. « Je crois en la terre », écrit l'un des bardes attitrés du Kremlin, Louka Poufilof.... La terre, immense outil du prolétariat, source éternelle de toute félicité, mamelle féconde de l'humanité laborieuse. Comme d'autres mettent leur confiance en Dieu, le bolchevisme s'attache à la matière. Il en fait sa Providence, la cause première et finale de tout son système. Et, pour sauvegarder son finalisme, le voici aux prises avec le plus métaphysique et le plus religieux des problèmes : celui de l'existence du mal. Le marxisme « scientifique » a beau lui souffler une solution paresseuse, l'effet d'une sélection zoologique, un phénomène comme un autre... Mais ici le bolchevisme tourne résolument le dos aux infusoires de l'Université Sverdlof ; il cherche dans un péché originel la raison primordiale des injustices et des souffrances. La seule modalité qu'il apporte à une conception essentiellement biblique, c'est de lui donner une couleur révolutionnaire : le péché originel est d'ordre économique, il est tout entier dans l'emprise individuelle sur la matière ; bref, il est la propriété privée. Mais qui dit péché originel dit aussi rédemption : le matérialisme historique n'a pas échappé à cette nécessité ; seulement, à la place du peuple élu par Dieu pour engendrer le Messie, c'est une classe sociale qui devient l'Israël marxiste. Porteur de la vérité, le prolétariat rachète les péchés du monde ; crucifié sous les espèces de plusieurs générations révolutionnaires, il finit par pousser sur l'avant-scène internationale un prophète victorieux.

Rien ne manque, on le voit, à cette idéologie purement religieuse du matérialisme historique : rien, pas même la croyance en une vie future ! Le royaume des cieux, ramené sur terre, s'entr'ouvre sous l'aspect d'une République universelle de Soviets prolétariens. Et, pour assurer à leur classe la jouissance de ce paradis hypothétique, les ouvriers sont appelés à suivre aveuglément leurs chefs sur de nouveaux calvaires.

Car, morts ou vivants, ces chefs sont infaillibles : Karl Marx est le seul dieu, Lénine est son prophète, le parti communiste est son Église. Telle est la conséquence pratique du matérialisme bolchevik dans sa folle aspiration à l'universalité. Le Kremlin s'érige en « Vatican moujik ». Moscou remplace Jérusalem, Rome et la Mecque, Saint-Synode de l'émeute, le Comité exécutif de la IIIe Internationale, joint au Bureau Politique du parti communiste, assure la continuité des traditions et la pureté de la doctrine. Aucun écart n'est toléré dans le troupeau des fidèles. Au moindre symptôme de schisme, les grands-prêtres font entendre les tonnerres de leurs bulles sans appel. A la manière d'une révélation sacrée, la dogmatique révolutionnaire est en dehors des variations humaines. Les catéchumènes n'ont qu'à s'agenouiller devant les tables de la loi et qu'à baiser la mule de ses interprètes.

Par là s'éclaire sous son jour véritable le dernier balbutiement d'une pensée frappée de sclérose : « Evitez les schismes.... Conservez intacte et pure l'autorité du Comité central.... » Lénine singeait un testament auguste : il traitait ses disciples en apôtres ; il fondait une religion, il bâtissait une Église. Et c'est peut-être dans cette structure ecclésiastique imprimée au parti communiste que son cynisme invétéré avait réellement donné sa pleine mesure. Tout en puisant dans le droit divin de l'ouvrier la source de son pouvoir, Lénine a professé le plus humiliant des mépris pour sa clientèle. Il a toujours jugé le prolétariat incapable de réaliser sa destinée messianique, s'il était livré à ses propres forces. Pour conduire ce *minus habens* sur les sommets de la domination mondiale, le léninisme devait l'encadrer de hiérophantes doublés de gendarmes et lui imposer une discipline applicable par la *Tché-ka.*

Ici éclate la nature définitive de la métaphysique bolcheviste : elle n'est pas qu'une religion représentée par une Église ; elle comporte, en dernière analyse, l'établissement d'une véritable théocratie. Sous la magnifique concavité du front, la spéculation révolutionnaire, chez Lénine, s'accommodait d'une tranchante philosophie de primaire radical. Mais supposons, un instant, M. Homais investi d'une puissance temporelle et spirituelle illimitée. Supposons M. Homais devenu le Lama en même temps que le Tamerlan du communisme. L'univers entier sera réduit par oukaze au dénominateur marxiste. L'*Okhrana* sera mobilisée au service de la « libre pensée » ; elle incarcérera les faits gênants et traînera sur l'échafaud les doctrines ennemies. A l'exemple de ce Serge Malychef, si admiré par Lénine pour la qualité de ses biceps prolétariens, le bolchevisme ne se bornera pas à « casser la figure au président de la Douma » : il « cassera la figure » aux savants et aux prêtres ; il lancera contre les églises et les bibliothèques une tourbe interlope conduite par des forçats comme Fedka ou des proxénètes comme Victor ; il souillera les icones, les croix et les livres ; il poursuivra Dieu pour crime de contre-révolution.

Le marxisme dit scientifique aboutit au « règne du goujat » entrevu par Merejkovski, du goujat hissé au faîte d'une autocratie intégrale et d'une infaillibilité universelle, couronné patriarche, tzar et président de toutes les académies, vautré sur le trône, les pieds sur l'autel et roulant une pincée de tabac méphitique dans un feuillet de l'Évangile ou de Platon.

III

LA PUISSANCE DES TÉNÈBRES

TOUJOURS aprioriste et optimiste, le matérialisme historique admet à titre d'indiscutable postulat que le prolétariat est athée, marxiste et darwiniste d'instinct. Mais, pour mieux l'asservir, la bourgeoisie a étranglé le vieux fond primitif sous une couche artificielle de croyances et de rites ; elle a fait de la religion « un opium à l'usage du peuple ». Dissiper les vapeurs de ce narcotique : tel est le devoir d'un État-Providence qui a nationalisé la vérité comme les banques et les chemins de fer.

Messianistes à rebours de l'école slavophile, les bolcheviks opposent sans se lasser à l'acte de foi extatique de Dostoïevsky — le peuple russe « porteur de Dieu » — la terrible lettre de Belinsky à Gogol : « On croit que le peuple russe est le plus religieux des peuples au monde... Mensonge, mensonge ! Le Russe ne redoute pas d'invoquer le Ciel en se grattant le bas du dos. Il dit d'une icone qu'elle est utile aux prières, mais qu'elle ne peut même servir de couvercle à une marmite. Examinez bien ce peuple : vous verrez que, par essence, c'est un peuple profondément athée. Beaucoup de superstitions ; pas une trace de religion... »

Les théoriciens bolcheviks n'ont guère eu de peine à tirer de ce texte des conclusions favorables à leur propagande : dans le moujik guéri de ses sorcelleries byzantines, le marxisme a trouvé l'apôtre né de l'athéisme scientifique.

Mais depuis quand faut-il que l'athéisme scientifique célèbre des messes noires et organise des nuits de Valpurgis? Depuis quand les blasphèmes ont-ils acquis la valeur de négations?

Le *Bezbojnik*, l'organe officiel de la propagande antireligieuse, s'inspire d'un satanisme de ruisseau. Comme texte, des éructations d'iconoclastes ivres : déformations rythmées du *Pater* et du *Credo*, plaisanteries de bouge sur la Bible et l'Evangile, flot de fange vomi contre la Vierge. Comme illustrations, des aquarelles lavées avec le fiel d'un fou ou la bave d'un succube. Et tout est à l'avenant. Des églises désaffectées, transformées en clubs communistes, on conserve souvent par dérision l'ordonnance intérieure ainsi que les coupoles et les croix. Mais, à la place des images saintes, les portraits de Marx, de Staline, de Boukharine émergent des cadres dorés de l'iconostase ; le buste de Lénine se dresse sur l'autel drapé de rouge ; aux murs, des caricatures obscènes, des affiches ordurières. Attirés par les lueurs des lampadaires, les fidèles s'aventurent parfois dans le temple profané, se frottent les yeux devant les ébats chorégraphiques des tricoteuses moscovites, se demandent s'ils ne sont pas victimes d'une hallucination diabolique, puis, aux sons d'un gramophone qui nasille des cacophonies nègres, ils finissent par s'enfuir, avec force signes de croix pour éloigner le Malin.

Que l'on imagine maintenant, les jours de grandes fêtes, à Noël ou à Pâques, les basiliques parfumées d'encens et vibrantes de liturgie slavonne. Aux sons des cloches qui, du haut des coupoles bulbeuses, annoncent la naissance ou la résurrection du Christ, un carnaval impie déploie ses cortèges à travers les rues de toutes les villes soviétiques. D'année en année, c'est le même Mardi-gras, la même grimaçante mascarade de possédés. En tête des processions se dandinent généralement deux diacres en chapes écarlates ; l'encensoir à la main, ils clament d'une voix tonnante : « Montons à l'assaut du Ciel ! » A leur suite, sur des camions tendus de calicot vermillon, apparaît l' « Internationale des Dieux » : Osiris voisine avec Mitra, Allah avec Bouddha ; Jehovah est représenté sous les espèces d'un rabbin crasseux avec un œil de cyclope sur le front ; le Christ, en chapeau haut de forme — symbole du capitalisme — et le monocle à l'œil, s'absorbe dans la lecture du *Kapital* ; et une grosse fille des faubourgs assume d'ordinaire le rôle de la Vierge et allaite une poupée en tenue de soldat rouge.

Dans un bruit de vociférations, de cuivres, de crécelles et de sifflets, la saturnale communiste développe ses infamies. Précédé d'une théorie de cardinaux titubants, le pape bénit la foule avec une bouteille ; des sorcières galopent sur des balais avec des moines rubiconds en croupe ; des dominicains se trémoussent aux côtés des pasteurs; des derviches tourneurs font valser des rabbins ; mais les popes prédominent, affublés d'ornements sacerdotaux volés pendant le pillage des églises ; il en passe assis sur des cercueils noirs contenant des reliques ; d'autres, le mors aux dents, sont chevauchés par des démons ; d'autres encore, la muselière au visage, sont conduits en laisse par des prolétaires « conscients ».

Parfois le cortège s'arrête pour célébrer un service burlesque. Devant un autel barbouillé d'étoiles maçonniques, un évêque psalmodie, sur le mode emprunté à la liturgie orthodoxe, une litanie en l'honneur de Karl Marx, tandis qu'un chœur de drôles encense le derrière de l'officiant et hurle les plus extravagants des blasphèmes. On condamne, enfin, à mort tous les dieux *in corpore*, on les brûle en effigie, tandis qu'autour des bûchers, bras dessus bras dessous avec des filles publiques costumées en religieuses, popes, moines, pasteurs, diables cornus et fourchus, exécutent une farandole échevelée dans le fracas de l'*Internationale*.

Le soir, nouvelle mobilisation de toutes les sections et de toutes les cellules athéistiques : conférences sur l'impossibilité des miracles ; parodies de l'Evangile sur les tréteaux des clubs communistes ; « grandes redoutes » avec « entrée gratuite pour toutes les personnes masquées de manière antireligieuse ». C'est le dernier mot de l'athéisme scientifique : le jazz au service de la propagande matérialiste. Mais le moyen âge n'a-t-il pas déjà connu les bals des sorcières? Et les sabbats n'ont-ils pas toujours prouvé l'existence de l'Antéchrist plutôt que l'inexistence de Dieu?

« Les paysans nous considèrent comme des messagers de Lucifer, écrivent aux *Izvestia* des soldats revenus dans leurs villages ; ils nous adressent la parole seulement à la condition d'avoir des oignons dans leurs poches, moyen infaillible pour combattre les tentations du démon. » D'après le *Rabotchi pout*, les moujiks font rebaptiser leurs filles courtisées par des fonctionnaires bolcheviks. Partout, les campagnes se livrent à une véritable Sainte-Barthélemy des *selkori*, correspondants ruraux de la presse moscovite, en réalité agitateurs et mouchards et, pour les paysans, autant de monstres vomis par l'enfer. Partout, sans en excepter les alentours du Kremlin, des histoires terrifiantes, colportées à mi-voix, identifient le communiste avec le diable : tantôt c'est un membre du *Komsomol*(1), dont la langue grossit comme une trompe en punition de ses blasphèmes ; tantôt un enfant aux pieds de bouc qui naît dans une famille de commissaire ; tantôt un orateur officiel qui se met à coasser, métamorphosé en grenouille ; et, dominant toutes ces rumeurs, la sinistre légende du « fantassin rouge » qui a fait le tour de la Russie entière.

Un troupier démobilisé rentre dans son hameau natal, et son premier soin est de mettre les icones en pièces. Du bois excellent, dit-il, pour chauffer un bain de vapeur — un de ces bains russes où l'on reste des heures à se fouetter avec des branches de bouleau, dans une irrespirable atmosphère d'étuve. Mais ces heures deviennent des journées.... Une démangeaison affreuse dévore la peau du communiste ; les branches collent à ses doigts ; une puissance démoniaque l'empêche de bouger. Pour le déli-

(1) Association de la jeunesse communiste.

vrer, les paysans s'acharnent en vain à forcer la porte. Comme d'une chair vivante, le sang gicle des planches de l'isba blessée par les haches. Et les moujiks de conclure : le bain durera vingt-cinq ans ; il durera jusqu'à la fin du régime soviétique.... Effet imprévu — n'est-ce pas? — des méditations sur l'*Alphabet du communisme*....

En pleine gestation socialiste, l'an mille s'attarde toujours; un souffle de panique balaye les troubles profondeurs du pays. Qu'un aérolithe s'abatte sur le sol, les moujiks s'affolent : c'est le crachat du prophète Elie, disent les uns ; c'est la lune qui a fini par éclater, affirment les autres ; mais tous sont d'accord pour attribuer le phénomène aux colères du Ciel. « Les mécréants ont voué notre district au diable, et voici, comme châtiment, un caillou de six mille pouds ». Une bonne moitié de la population russe guette les signes précurseurs de l'Apocalypse et croit entendre résonner les trompettes du jugement dernier. « Un peuple qui renie Dieu est condamné à la perte », déclarent gravement des paysans au correspondant de la *Pravda*. « Une immense vague déferlera sur la plaine russe, détruira tout sous la chevauchée d'une infernale écume. » Cette prophétie, en décembre 1925, plongea Moscou dans une telle consternation que les commissaires du peuple l'ont fait démentir par un géologue célèbre, l'académicien A. Pavlof. Mais qu'importent au moujik les académiciens et les géologues ! Ici une « poule enflammée » a traversé les espaces ; ailleurs les sauterelles des Écritures ont dévoré des soviets. Les rumeurs les plus saugrenues trouvent une clientèle de visionnaires. Tout devient un prétexte pour amplifier les inquiétudes; tout prend une mystérieuse et tragique signification ; même les progrès de la science, même les bienfaits de la civilisation ne sont plus aux mains du communisme qu'un maléfice de Belzébuth.

Lors de la grande famine en 1921, des hordes paysannes saccageaient de préférence les stations météorologiques, ces inventions des Soviets qui « bravaient le ciel et empêchaient la pluie » (*Krasnaia Gazeta* , du 21 juillet) ; ils déterraient les pécheurs décédés sans extrême-onction et fabriquaient des cierges avec la graisse pourrie de cadavre (*Bednota*, du 14 juillet) : or, hier comme aujourd'hui, c'est toujours le même envoûtement, toujours les mêmes pratiques stupéfiantes. Au pays du matérialisme érigé en religion d'État, l'aménagement des fils télégraphiques démontre sans appel que « les temps sont révolus » : « Nos pères nous avaient prédit la disparition du monde, lorsque la terre serait entortillée de fils de fer ». Au pays de l'« athéisme scientifique », il est même des communistes qui, tout en refusant leur confiance à Dieu, ne mettent pas en doute les ingérences du diable dans les affaires humaines. Ayant dûment constaté, écrivent les *Izvestia* du 17 avril 1925, que les sorcières devenaient de plus en plus nombreuses et de plus en plus hardies dans son ressort administratif, un président du Comité exécutif a fait arrêter une paysanne sous l'inculpation de pénétrer par la cheminée dans le logis des camarades « responsables » et de frapper leurs vaches de stérilité à l'aide d'incantations magiques. Comme la sorcière se défendait d'entretenir des relations avec le Malin, le président, assisté de la milice locale, soumit l'incube à tous les raffinements de la question. Que des faits de cet ordre soient possibles, il n'y a plus de limite à l'extravagance des hystéries moujiks. Il suffit qu'un malade délire pour être suspect de commerce avec le démon : à Porochvy, tout près de Pétrograd, des paysans ont crucifié des malheureux secoués par la fièvre après les avoir lavés à grande eau; le pope, qui avait tenté d'empêcher des exorcisations aussi violentes, fut traité comme s'il était, lui aussi, au pouvoir de l'Impur.

Mais le peuple n'oppose pas au communisme que la puissance des ténèbres. Les récentes recrues du bolchevisme, ralliées au parti sous le nom de « promotion léniniste », c'est-à-dire la jeunesse ouvrière qui, faute d'antidotes, devait offrir le moins de résistance à l'emprise du matérialisme, même ces derniers venus témoignent d'étranges inquiétudes confessionnelles. Au cours d'un meeting auquel ont pris part environ 2.000 catéchumènes communistes, le camarade Zorine s'est vu saisir de 86 interpellations dont 23 concernaient les problèmes religieux. Non sans mélancolie, la *Pravda* en a signalé les plus indiscrètes : « Le Christ et ses apôtres ont-ils été des mencheviks ou des bolcheviks? N'ont-ils pas été poursuivis par le gouvernement et le clergé? N'ont-ils pas souffert pour le peuple? Le communisme peut-il être l'objet d'une foi religieuse? Peut-on vivre en général sans foi? Les enfants doivent-ils être élevés dans la religion chrétienne, si la mère seule est restée pratiquante? » Toutes ces questions dénoncent une singulière préoccupation de concilier la nouvelle doctrine avec les croyances des an cêtres ; il arrive même, toujours d'après la *Pravda*, que des communistes brevetés se marient à l'église, font baptiser en cachette leurs enfants et confectionnent des gâteaux de Pâques ornés du pentogramme soviétique à la place de la croix.

C'est que l'Église, malgré l'ignorance de son clergé, avait des réponses à toutes les préoccupations spirituelles des masses. Elle fournissait une réglementation morale au moujik qui, bien avant les *Frères Karamazof*, avait admirablement compris que « tout était permis si Dieu n'existait pas ». En ramenant le ciel sur la terre, le bolchevisme peut-il se targuer des mêmes prérogatives? Rayé de la liste du parti par une Commission de contrôle pour avoir aménagé une petite ferme, un vieux communiste interroge ses juges : « M'auriez-vous exclu pour un dindon? — Non, répond la Commission. — Et pour deux? — Non, réplique la Commission après une seconde d'hésitation caractéristique. — Je vous serai donc reconnaissant de m'indiquer le nombre exact de dindons auquel a droit un communiste loyal. » La Commission, fait observer la *Pravda* (25 août 1923), n'a pas été en mesure d'élucider un problème dont dépendait pourtant l'existence de toute une famille. Engels, Marx et Lénine avaient dédaigné, en effet, de prévoir ces détails de basse-cour; mais ces détails, qui dominent la vie de 80 p. 100 de la population russe, font toucher du doigt l'impuissance d'une religion matérialiste à trancher les difficultés matérielles les plus simples.

Les canons communistes restent muets, Lénine garde son sourire canaille de sphinx kalmouk. « Nous avons brisé en éclats les préjugés religieux, déclare

Trotzky dans son livre *Voprossy Byta* (*Questions de mœurs*) : nous n'avons rien donné en échange... On se bat dans les familles à cause des enterrements et des baptêmes... L'homme met les icones en miettes, la femme lacère les portraits de Karl Marx. »

« Commençons par agir ; on verra ensuite ».... Lorsqu'il condescendait à relever les objections de ses adversaires, Lénine n'allait jamais au delà de cet empirisme militant. Comme une trombe, le bolchevisme a passé sur l'immense étendue glorifiée par Pouchkine, « depuis les froids rochers de la Finlande jusqu'aux rivages ardents de la Colchyde », et, tel Satan à la fin d'un sabbat, Trotzky ne voit plus autour de lui qu'un effroyable désert. « Le prolétariat, se lamente-t-il dans l'ouvrage déjà signalé, est pauvre en histoire, pauvre en traditions.... Sa culture est misérable ». Est-ce le même Trotzky qui, en octobre 1917, découvrait de la grandeur jacobine chez les matelots dépeçant une toile de Rembrandt pour en feutrer leurs bottes poisseuses de boue et de sang? Est-ce le même Trotzky qui encourageait des ouvriers à faire sauter Pétrograd pour édifier la « Sainte Commune » sur les décombres impériales?

Le prolétariat, à cette époque héroïque, s'affirmait doté d'une véritable puissance créatrice ; la révolution paraissait capable d'engendrer du jour au lendemain un monde nouveau. On bâclait des décrets dans la folle certitude de leur réalisation immédiate. On faisait preuve des mêmes défauts d'imprévoyance, d'audace puérile, d'assurance fanfaronne, qui avaient toujours compromis les offensives de la Russie. Trotzky, après des expériences frénétiques, se résigne à reconnaître que les « mœurs et la psychologie sont terriblement conservatrices ». Et Trotzky n'est pas seul à prendre conscience de cet effondrement. « Nous sommes fatigués, nous sommes fatigués », s'écriait la *Pravda*, déjà le 12 octobre 1924. « Nous sommes les derniers de notre caste, nous n'avons pas à vivre longtemps », pleure un élégiaque soviétique, le camarade Cherchenevitch. Chez les bolcheviks les plus convaincus, s'observent cette mortelle lassitude et cet incurable désenchantement. Certains, comme Kouznetzof, Joffe et Loukovitinof, incapables de résister à la chute de leur rêve, ont préféré chercher dans le suicide l'oubli de leurs illusions.

IV

CONVULSIONNAIRES ROUGES ET BLANCS

Cet écœurement s'explique. « La Russie entière, constatent les journaux soviétiques, se débat au milieu de préjugés sauvages et de superstitions barbares. » Lisez : la Russie ne croit pas seulement au diable ; plus que jamais elle croit aussi en Dieu, et d'une manière qui finit peu à peu par imposer à un pouvoir athée le regret du Saint-Synode et de sa police confessionnelle.

Patrie de saint Serge, dont la Laure est devenue le sanctuaire de la foi éclairée, la Russie a été aussi le berceau des *Klikouchi*, ces indéfinissables voyants des carrefours et hiérophantes des bas-fonds, crétins et génies, sorciers et dévots, blasphémateurs et prophètes. Chargés de chaînes sous leurs loques sordides, ces histrions de l'Eglise, ces monstres du Christ ont rempli l'histoire moscovite de leurs prières et de leurs imprécations. Les tzars, à tour de rôle, leur baisaient la main et leur donnaient le knout. Saint Basile, qui crachait au visage d'Ivan le Terrible, n'a été, somme toute, qu'un *klikoucha* canonisé. Dans la première moitié du XVIIe siècle, un autre *klikoucha*, Terechka, terrorisa le Patriarche en personne. Dès qu'une calamité populaire ravageait la Russie, une armée de *klikouchi* surgissait des coulisses moscovites pour communiquer aux foules la contagion de leur délire. Pierre le Grand lui-même s'est usé dans la lutte contre cette épilepsie éminemment nationale. Le bolchevisme aussi. N'a-t-il pas, d'ailleurs, renouvelé de l'« époque trouble » les conditions historiques les plus propices au pullulement des convulsionnaires? Repris de justice au pouvoir, querelles byzantines dans le clergé, danse macabre du choléra et de la lèpre, chair humaine vendue sur les marchés et, partout, la hantise du surnaturel, un épais grouillement d'imposteurs, de revenants, de devins, l'hystérie collective d'une nation aux prises avec la bête apocalyptique.

Sous des titres où s'accumulent d'irrécusables aveux de détresse, « Retour au moyen âge, » « Impénétrables ténèbres », « Victoire des popes » — la presse de Moscou s'acharne contre l'« obscurantisme » d'un peuple prédestiné à bolcheviser l'univers et qui confond le communisme avec le règne de l'Antéchrist ! La république socialiste est sillonnée de pèlerinages, la population revenue à l'état nomade pour faire la chasse aux miracles. Sainte Marie apparaît en Podolie, ordonne aux moujiks d'organiser des prières collectives et de planter des croix expiatoires ; la nouvelle s'en répand à travers la région entière et, de 500 verstes à la ronde, des cortèges d'illuminés s'acheminent vers cette « vallée de Josaphat ».

Aux environs de Kief où les guerriers de Vladimir avaient noyé leurs idoles, des icones soudain se mettent à verser des larmes ; les croix distillent du sang dans les bourgades de Volhynie ; près de Poltava, les rameaux sécrètent de l'eau bénite ; à Saltykovo, un ruisseau reflète le visage divin du Sauveur. Autour de tous ces sanctuaires improvisés, d'immenses multitudes bivouaquent en plein air, clouent leurs images saintes aux troncs des arbres, transforment les forêts en tabernacles, s'épuisent en cantiques et en prières. Trop souvent, à la grande satisfaction des Soviets, les charlatans s'empressent de monnayer ces extases ; des boisseaux de blé et des quartiers de viande engraissent journellement des milliers de Raspoutine villageois ; les autorités interviennent alors au nom de la loi et de la science outragées ; des échauffourées éclatent ; le sang coule ; mais le peuple n'en reste pas moins attaché à ses *klikouchi*, même véreux, même funambulesques, pourvu qu'ils lui ouvrent en fraude une percée sur le ciel, qu'ils anathématisent un régime abhorré, qu'ils ressuscitent le tzar, la tzarine, le tzarevitch, car la métaphysique bolcheviste en est là : elle se voit obligée de lancer sa police aux trousses des « faux Dimitri » ! N'avait-il pas suffi, pour mettre en ébullition tout le gouvernement de Penza, qu'une institutrice névrosée, Claudine Polikarpovitch, se fît proclamer l'impératrice Alexandra et un baladin de foire, Sacha Troudenkof, le grand-duc Alexis?

Telle est la soif du miracle que la science elle-même, qualifiée d'ordinaire comme une émanation de l'enfer, permet parfois d'augmenter le nombre des saints et des lieux de pèlerinage. Un savant bolchevik découvrit récemment une dent de mammouth aux environs d'un village de Volhynie. Il enfouit son trésor, et, pour reconnaître l'emplacement de la précieuse cachette, il planta un pieu avec cet écriteau : « Ici repose la dent d'un mammouth ». Revenu à la tête d'une commission académique, le paléontologue rouge manqua d'avoir une syncope... Une foule immense chantait des cantiques devant le pieu chargé d'une profusion d'icones, et des pèlerins puisaient à pleins bidons dans un ruisseau voisin : l'eau de saint Mammouth, certifiaient les moujiks, d'une efficacité à toute épreuve contre les rages de dents et le tétanos.

Devant cette lame de fond, toujours grossie par l'océan populaire, l'Etat bolchevik est contraint de battre en retraite. Pour faire concurrence à l'Église, le « matérialisme historique » est acculé à la triste nécessité de chercher des dérivatifs dans l'imitation des moindres « préjugés » qu'il combat. Car le moujik se moque aujourd'hui du catéchisme communiste, comme hier il restait étranger aux subtilités de la dogmatique orthodoxe : aujourd'hui comme hier, il lui faut des icones, des liturgies, des pèlerinages, des sacrements — un culte à la place d'une théologie. Et plutôt que de perdre une clientèle formidable, l'athéisme scientifique exploite au profit de la révolution le plus épais des mysticismes. Mieux vaut saint Lénine que saint Nicolas et même, comme pis aller — fait courant dans les villages au dire de Boukharine — un dyptique unissant saint Nicolas à saint Lénine.

Les Soviets se transforment donc en marchands de fétiches rouges et de médailles bénies communistes. Toute école, toute usine, tout club, toute officine administrative possède aujourd'hui son coin léniniste, un coin, dit la *Pravda* (3 avril 1925), qui ressemble étrangement à une chapelle. Le Maître bombe son crâne glabre à la place réservée jadis aux images sacrées : rien n'y manque, ni les fleurs, ni les lumières ; parfois un pastiche d'iconostase protège de son grillage l'idole asiatique. Le loyalisme se mesure au nombre de cierges, à la qualité du velours rouge, dont s'empanache le reposoir bolchevik. Certaines usines, écrit la *Pravda,* engloutissent jusqu'à 2 000 roubles en achats d'étoffe cramoisie.

Aux lumières et aux fleurs s'ajoutent les litanies. L'encens verbal fume devant l'effigie d'un homme qui avait toujours professé le plus parfait mépris pour la phrase — même pour la phrase révolutionnaire, et de véritables bréviaires communistes s'impriment depuis quelque temps à l'usage des fidèles. Le *Gosizdat* — centrale des éditions de l'État — a publié, en 1925, un recueil de psaumes sous une couverture encadrée de noir et ruisselante de larmes écarlates. Le sang sacré d'« Illitch » ! Vignettes au diapason de l'ardeur mystique dont déborde le volume : des « extases planétaires » s'y consument dans les « flammes cosmiques » qui embrasent le cœur de Lénine. Le matérialisme historique s'exprime dans le style de sainte Thérèse.

Aucun plagiat d'ailleurs ne l'arrête. A la place du baptême chrétien, des « baptêmes soviétiques » (*Sovkrestiny*) ; une « collectivité ouvrière » dans le rôle de parrain ; et, pour vouer le nouveau-né à sa mission révolutionnaire, un diplôme calligraphié à l'encre rouge offert par la « cellule athée » de sa résidence : « Nous ne te bénissons pas au nom de la croix, héritage de l'ignorance et du servage, mais au nom du drapeau de l'Internationale, drapeau du travail et de la lutte.... » Munis de ce viatique, des milliers de petits garçons se lancent dans la vie sous les noms de Lénine, Boudenny, Marx, Marat, *Troud* (travail), *Kim* (abréviatif de l'Internationale de la jeunesse communiste), *Profsoious* (abréviatif d'unions professionnelles), *Rem* (synthèse de ces trois termes sacrés : révolution, électrification, paix), *Vtzik* (Comité central exécutif), *Sovnarkom* (Soviet des commissaires), *Ikki* (Comité exécutif de la IIIe Internationale). Les petites filles s'adornent d'appellations non moins éclectiques : Révolution, Fédération, Commune, Octobrine, Volga, Ninel (le nom de Lénine écrit à rebours). Parfois l'imagination populaire se détourne de l'histoire, de la géographie et de l'administration pour verser dans la zoologie. Ainsi, suivant la *Pravda*, un ouvrier a solennellement donné à son fils le nom de Crocodile.

Platement, servilement, le communisme imite les « ennemis de classe » et fabrique en gros de « l'opium religieux ». En même temps qu'il installe « un musée cultuel » à la Laure de Petchora et une pinacothèque à la cathédrale de Saint-Isaac, il ajoute un nouveau sanctuaire au mausolée de Lénine et à l'Institut léniniste. La Russie aura bientôt son « Panthéon révolutionnaire », un temple vraiment scientifique qui n'aura rien de commun, déclarent ses initiateurs, avec le « Panthéon bourgeois de Paris ». Pas de sarcophages, mais une série d'urnes en cristal où nageront dans l'alcool les cerveaux des grands leaders bolcheviks, puis des schémas phrénologiques, des diagrammes craniens, les photographies agrandies des différentes circonvolutions et scissures, des textes expliquant, sous une forme accessible au public, le génie des chefs trépassés par le poids et par les sinuosités de leur substance grise. Devant cet étalage de préparations anatomiques, il sera vraiment possible d'affirmer que tout le marxisme se condense dans une collection de bocaux. Quelques kilogrammes de chair spongieuse et verdâtre avaient contenu en puissance les « conquêtes d'octobre », la dictature prolétarienne, la IIIe Internationale, l'Union des Républiques soviétiques.

Mais le bolchevisme ne s'est pas borné à emprunter ses rites et ses coutumes aux religions. Pour mettre l'Église en échec, il a recouru aux déformations de l'Église elle-même. Après avoir fusillé des *klikouchi* à tour de bras, c'est aux *klikouchi* que le matérialisme historique a proposé son alliance. Une doctrine fondée sur les sciences naturelles s'est engagée à la suite des sorciers, des devins et des contorsionnaires. L'éternel *klikoucha* russe !

Les *Doukhobory* et les baptistes reviennent en masse des Etats-Unis ; les Vieux-Croyants multiplient leurs paroisses ; les *Skoptzy* recommencent à mutiler la virilité de leurs adeptes; les *Begouny* renouvellent leurs tournoiements dionysiaques ; les *Khlysty* réinstallent des lupanars sacrés dans leurs chapelles ; des possédés s'enterrent vivants, se crèvent les yeux, se précipitent dans les flammes. En Volhynie, un certain Korney a ressuscité la secte qui, au début du règne de Pierre le Grand, prêchait la mort par le feu comme l'unique moyen de sauver les âmes. Pour leur ouvrir les portes du Paradis, l'un des adeptes égorgea ses trois enfants après un mois de prières et de jeûnes, puis, vêtu d'une chemise propre, la croix à la main, il incendia sa maison et s'en alla dans les bois remercier Dieu de cette sainte suggestion (*Izvestia* du 4 mai 1925).

Tous les démons, les plus anciens, les plus oubliés, ceux dont le moujik semblait définitivement délivré, se jettent sur la Russie comme sur le troupeau de porcs de la parabole. Au fond des forêts sauvages qui abondent dans les gouvernements de Vologda et de Viatka, les *Dyrniki* — du mot trou (*dyra*) — habitent, ainsi que leur nom l'indique, des cavernes creusées dans la terre ; ils prétendent que le monde est à la veille de disparaître et que, partant, tout effort, tout travail, sont autant d'injures à la Divinité. Au lever du soleil, les *Dyrniki* sortent de leurs souterrains pour faire leurs dévotions, la face tournée vers l'aurore. Comme des bêtes, ils se nourrissent de la faune sylvestre, croquent des glands, mâchonnent des herbes ; et, comme les bêtes, ils ignorent la pudeur. Parfois, ils se construisent des masures en glaise, mais toujours avec un trou en guise de porte et sans fenêtres — hérésie condamnée par leurs croyances. La majeure partie de leurs jours s'écoule dans les ténèbres visqueuses et grouillantes de larves. Les *Dyrniki*, termites du Christianisme !...

Au Nord, également, on retrouve les *Triassouny*, les trembleurs, qui, pour prier, s'accroupissent d'abord autour d'un de leurs prophètes et marmonnent en grimaçant d'une façon à peine distincte d'étranges onomatopées. Le murmure s'accélère tandis que des grimaces de plus en plus hideuses tiraillent les visages. Soudain, un *triassoun*, homme ou femme, se traîne sur le sol à quatre pattes, et les autres l'imitent : un grouillement de dos, un trémoussement de croupes, une fourmilière rampante d'où sort un bourdonnement toujours plus rauque, plus précipité. Pendant des heures, le visage collé à la terre battue de l'izba, une cinquantaine de corps mêlent ainsi leurs ronronnements et leur sueur. Un *triassoun* se détache enfin de la masse haletante, se redresse et se met à trembler de tous ses membres. C'est le signal de la vésanie collective. Les assistants répondent par un ululement d'animaux en détresse, une plainte qui sort du plus profond des entrailles, puis, gagnés par la contagion, commencent à trembler toujours plus vite, plus vite, comme si tous leurs muscles, tous leurs nerfs, détachés des centres moteurs, étaient livrés aux souffles d'un cyclone. Les uns finissent par aboyer, les lèvres salies d'écume, la langue pendante ; d'autres, épuisés, mordent la terre et la mâchent avec délice, s'arrachent les vêtements, se griffent de leurs ongles sales. Et tout aussi brusquement que s'est déclenchée l'extase trépidante et hurlante, le coma succède à la démence : les *triassouny* s'abîment dans un sommeil de brute, une prostration qui mêle hommes et femmes, demi-nus, sordide gelée humaine.

Au réveil, tous sont convaincus d'avoir été visités par le Saint-Esprit, car Dieu, disent-ils, ne se manifeste que dans des langues inconnues de la terre...

Toutes ces hystéries, le sadisme léniniste les a exploitées avec la même désinvolture cynique qu'il jetait la plèbe à l'assaut de la démocratie, qu'il utilisait des forçats pour disperser la Constituante et des coltineurs pour mater les universitaires. Il réussit même à embrigader des *klikouchi* à sa solde parmi des moines dévoyés et des popes débauchés. Comme le tzarisme, il a trouvé des alliés dans les « forces ténébreuses » de l'orthodoxie. Au fond d'étranges « communes monastiques », des diaconesses se signent au nom du Père le Travail, du Fils l'Ouvrier et du Saint-Esprit, l'Indignation populaire contre le péché social. Une mystérieuse confrérie annonce la création d'une « IIIe Internationale religieuse » (*tretyi interreligial*), la fusion de l'Église avec le *Komintern*, la canonisation de Marx, de Liebknecht, de Darwin, et, pour remplacer les offices, le « culte du centre psychique sur la base de l'évolution des espèces ». Comme toujours, en matière de « stratégie bolchevique », une écœurante promiscuité réunit le thaumaturge et le mouchard, l'apôtre et l'agent provocateur. L'*Okhrana* rouge se jette au travers des conflits dogmatiques, réglemente les schismes, préside aux saturnales des sectaires, ces fameuses *radénii* où le mysticisme se vautre dans l'orgie avec des grognements de pourceau. L'évêque Antonin, destitué pour des mœurs inquiétantes sous l'ancien régime, échafaude une nouvelle organisation ecclésiastique, la « Renaissance de l'Église » ; l'évêque Ioaniky fonde l'« Eglise libre des travailleurs » qui ravale l'Évangile à une simple ébauche du *Kapital* de Marx ; une basse créature de Raspoutine, le prêtre Belkof, fonde un « syndicat de travailleurs religieux » ; le prêtre Vedensky, opportuniste aigri, prêche l'élection des curés par des Soviets paroissiaux ; enfin, le célèbre Krasnitzky, ancien membre des « cent noirs » ultra-monarchistes, véritable pourvoyeur de la *Tché-ka* — c'est à ses dénonciations que le Métropolite Veniamin a dû son supplice — oppose au Patriarcat les bouffonneries révolutionnaires de son « Eglise Vivante ».

V

LES BREST-LITOVSK DE L'ATHÉISME

Il ne restait plus au matérialisme marxiste qu'un pas à faire pour fournir la preuve directe de son impuissance de gouverner le moujik sans la coopération d'une Église. Et ce pas, elle l'a franchi en recourant aux tristes leçons de l'histoire. Trop faible pour briser les autels, capable tout au plus de les profaner, l'athéisme scientifique a tenté de les nationaliser à son profit : la rage au cœur, les Soviets ont dû se résigner à cette formidable anomalie : avoir leur Église — une Église domestiquée comme celle des tzars, une Église synodale et policière, avec des « procureurs » chargés de mener les évêques à coups de trique et, dans les coulisses, de nouveaux « startzy ». Pour la deuxième fois, en Russie, l'État a guillotiné l'Église : ressuscité en 1917, le Patriarcat a vécu cinq ans à peine, institution incompatible avec un despotisme politique, quel qu'il soit, la tyrannie des empereurs ou celle des Soviets.

Sécularisé, déchu au rang de « citoyen Beliavine », épuisé par la maladie et la détention, le patriarche Tikhon seul, aux yeux du Kremlin, empêchait l'absorption du culte par le pouvoir temporel. Si pur, si rayonnant était son prestige, même au fond du monastère dont on a fait une prison — et dont on a fini par faire une tombe — que jamais les Soviets n'auraient osé déférer l'auguste vieillard à la justice révolutionnaire sans l'avoir au préalable destitué de sa dignité à l'aide d'un concile vaudevillesque. Les caméléons de la *Tché-ka* ont opéré cette fois-ci en soutane, sous le camouflage d'une croix usurpée. D'un jour à l'autre apparut l'« Administration supérieure ecclésiastique », en fait un nouveau Saint-Synode, qui engloba la mosaïque des principales hérésies. Invitée à prendre la tête du mouvement, l'« Église Vivante » ne résista pas à la tentation de Satan. En échange d'une puissance qu'elle devait partager avec l'État léniniste, elle reçut des apanages, des dotations, des prébendes. L'excommunication de Tikhon scella son alliance avec le Kremlin.

Jamais, même à l'heure où Raspoutine nommait les évêques, la bureaucratie ecclésiastique n'avait témoigné d'une bassesse aussi abjecte. « Tout croyant doit être un loyal citoyen de la Russie soviétique », pontifia le Concile, tout citoyen doit aider le gouvernement de son mieux à organiser le règne de Dieu sur la terre ».... Un accès de fièvre chaude secoua Vedensky : « Le soleil de la vérité sociale éclaire l'univers depuis octobre 1917.... » De l'orthodoxie le Concile a fait une hérésie et d'un clergé dissident un clergé officiel. De la même voix onctueuse qu'ils rappelaient jadis au Ciel « le très pieux et très autocrate empereur », les prêtres de l'« Église Vivante » psalmodièrent devant les icones d'or cette stupéfiante prière : « Longue vie au pieux gouvernement de l'U. R. S. S. qui veille aux destinées du peuple sur les bases du travail et du bien-être général.... »

Le tour paraissait joué : en abattant le patriarche, le bolchevisme, par la main du Concile, tuait le Patriarcat; en se débarrassant d'un homme, il fusillait l'institution. Mais l'on ne renouvelle pas les expériences pétroviennes. Krasnitzky a beau faire arrêter l'archevêque Agaphanyel, nommé par Tikhon « gardien du trône patriarcal » : l'idée d'une souveraineté spirituelle, d'une puissance qui n'était pas de ce monde et que le monde n'est pas de taille à supprimer, cette idée avait déjà plongé des racines inextirpables dans les grandes masses du peuple. « Nous n'avons plus de Tzar, de père que nous puissions aimer. Aimer un Saint-Synode est chose impossible : c'est pourquoi nous avons besoin d'un patriarche », disaient les délégués paysans au Concile de 1917, réuni sous les balles de l'émeute, Concile qui ressuscita le Patriarcat de la tombe où il avait dormi pendant deux siècles.

Or, bientôt il ne resta précisément de la combinaison bolchevique qu'un Synode desséché, qu'un simple appareil enregistreur des décisions de l'État communiste. L'« Église Vivante », au bout de quelques mois, s'affirmait déjà un organisme mort-né. Tout ce qui la séparait de l'Église tikhonienne, les réformes même qui lui donnaient un semblant de raison d'être, ne contribuaient qu'à précipiter sa perte. La destruction des livres en vieux slavon, la déformation de la liturgie, la fermeture des couvents, le droit accordé aux popes de convoler en deuxièmes noces, le choix des évêques parmi les prêtres mariés, la reconnaissance des prétentions soviétiques sur tous les bâtiments cultuels, l'admission des femmes dans les cadres ecclésiastiques, la scandaleuse création de diaconesses vêtues de chapes rouges, et surtout l'abandon des iconostases, l'érection des autels au milieu des basiliques, l'abolition du Saint des Saints : autant d'innovations, autant de sacrilèges. Il en eût fallu beaucoup moins pour imposer cette certitude à une époque apocalyptique : l'Église de l'Antéchrist....

Appelé en toute hâte à Moscou, l'évêque d'Odessa, Evdokim, s'efforce vainement de sauver les épaves de la nouvelle organisation. Après un service solennel à la basilique du Sauveur, il proclame le devoir pour tous les fidèles de se grouper autour du Synode. Mais le peuple à grands cris exige un patriarche : on se bat autour de la basilique; une capitale socialiste renouvelle des scènes de Byzance. Et les coups de théâtre éclatent.... Krasnitzky fait amende honorable et implore publiquement le pardon. L'archevêque Nicolas — un autre épigone de l'«Église Vivante» — accuse le Synode de ramper aux pieds de la G. P. Ou. Ces deux exemples sont suivis par la majorité des évêques qui refusent de gouverner leurs diocèses sans une bénédiction du Patriarche. Situation que l'on chercherait en vain même dans l'histoire de la décadence byzantine : un Synode sans Église.

Mais les Soviets ne se tiennent pas pour battus : ils tentent la plus inattendue des diversions ; ils promettent la vie à Tikhon en échange d'un acte public de repentir. Le Patriarche a-t-il réellement souscrit à cette humiliation pour essayer de sortir l'Église du chaos? Toutes les enquêtes tendent a prouver que, sans être l'auteur du document, Tikhon a laissé faire ses gardes-chiourmes, et les événements n'ont pas tardé à justifier la sagesse de cette politique. Au prix d'une capitulation qui, d'ailleurs, est toujours restée apocryphe pour la grande majorité des fidèles, le Patriarche réussit à balayer les derniers vestiges du schisme. La foule assiège les églises où il officie ; elle s'écrase sous ses fenêtres dans l'attente de sa bénédiction.... Et comme sa puissance s'accroît de jour en jour, la G. P. Ou. remplace le bourreau par le pharmacien et les balles par une potion. Liquidation discrète au service d'une propagande tapageuse : avant de mourir, le Patriarche aurait reconnu que le pouvoir des Soviets émanait de Dieu et recommandé aux orthodoxes de l'accepter loyalement. Encore un apocryphe et, comme réponse, une nouvelle apothéose : 800.000 hommes se prosternèrent au pied d'un cercueil où les Soviets croyaient, cette fois pour toujours, avoir enfermé le Patriarcat.

L'offensive reprend sur tout le front religieux. Première étape : interdiction de réunir le Concile, le *Sobor*, pour élire un successeur régulier à Tikhon. Deuxième étape : élimination systématique de tous les prélats désignés par leur rang à « garder le siège vacant de la dignité patriarcale ». L'un après l'autre, le métropolite Pierre Kroutizky, le métropolite Serge de Novgorod, le métropolite Joseph, les archevêques d'Ekaterinbourg, d'Astrakhan et d'Ouglitch prennent le chemin des monastères nationalisés à l'usage de la *Tché-ka*. En 1928, dans le seul camp de concentration, à Solovki, dépérissaient plus de 400 ecclésiastiques, condamnés aux travaux les plus dégradants — nettoyage des latrines — ou les plus épuisants — transport de quartiers de roche sous les rafales de l'hiver cu desséchement des marais par une chaleur torride. Qu'un prêtre esquisse un signe de croix, un coup de knout le rappelle à l'ordre.

Parmi les adversaires les plus intransigeants des Soviets se dressait de toute sa hauteur la figure héroïque du métropolite Serge de Novgorod. Tous les antécédents de ce prince de l'Église condamnaient d'avance la moindre prévision d'un compromis. Même en Russie, un pareil coup de théâtre paraissait impossible.... Aussi, lorsque les *Izvestia* publièrent, le 19 août 1927, un long manifeste où le métropolite Serge exhortait les fidèles à reconnaître l'U. R. S. S. comme leur « patrie civile » et ordonnait aux prêtres de se comporter loyalement envers un pouvoir existant de par la grâce de Dieu, a-t-on cru, au premier moment, à une simple réédition des chiffons de papier attribués à Tikhon. Mais il a fallu bientôt se rendre à l'évidence : l'Église orthodoxe offrait en spectacle un Canossa à rebours ; elle avait allumé le cierge du repentir au seuil du Comité exécutif.

Il est vrai que les Soviets n'avaient pas fait autre chose. Si l'Eglise reconnaissait *de jure* un gouvernement athée, le matérialisme historique répondait à l'Église par la même politesse. Il autorisait, auprès du métropolite Serge, l'existence d'un « Saint-Synode patriarcal » : après dix ans de tribulations, l'orthodoxie obtenait un organe directeur, formé suivant les exigences canoniques et accepté dans le cadres de la législation séculière. Concession d'une importance primordiale : elle entraînait l'écroulement définitif de l'institution concurrente, de ce « Synode des novateurs », qui survivait toujours au naufrage de l'« Église Vivante ». Une double capitulation servait ainsi de base au Concordat. L'Église comme les Soviets pratiquaient la méthode des « trêves léninistes ». D'une part, la lassitude du martyre, le besoin de reconstituer les forces épuisées ; de l'autre, toujours l'impuissance de gouverner un peuple chrétien contre le Christianisme et la recherche d'auxiliaires provisoires dans l'Église, dans n'importe quelle Église. Et de part et d'autre, enfin, la crainte du même danger, l'orthodoxie et l'athéisme ligués contre le même ennemi : le *Klikoucha* !

Le bolchevisme est puni par où il a péché. Les différentes sectes, dans la première république socialiste, ne comptent pas moins de 17 millions d'adeptes, alors que, sous l'ancien régime, elles avaient tout au plus un million et demi d'adhérents. Le 28 janvier 1928, le camarade Iaroslavsky a présenté au Bureau Politique un rapport concluant à une incoercible recrudescence de mysticisme. « De tous nos ennemis, les sectaires sont les plus difficiles à mater : la plupart ont emprunté au parti communiste son esprit d'organisation et les bases de sa structure ; ils possèdent des rayons, des sections, des alvéoles, des associations de la jeunesse, des clubs de femmes... »

Vérité qu'illustrent d'innombrables exemples. La majorité des affaires inscrites au rôle des conseils de guerre se rapportent au refus de porter les armes sous prétexte de convictions religieuses (1). Chauffé à blanc, le fanatisme russe défie l'appareil judiciaire et policier de l'Etat. En cherchant à enlever aux Chamans les instruments de musique barbare dont ils font sonner les grelots devant leurs autels, la milice bolchevique a provoqué une explosion de colère qui s'est étendue même aux garnisons locales : des batailles rangées ensanglantèrent toute la région du Trans-Baïkal pour aboutir à la victoire de la secte. Comme par le passé, les Chamans continuent leurs cacophonies sacrées aux oreilles de la G. P. Ou....

Parfois les sectes s'isolent dans les steppes, s'enfoncent dans les forêts : au nord du gouvernement de Tomsk, un hasard a fait découvrir des bourgades ignorées du fisc, inconnues des géographes ; les habitants refusèrent de décliner leurs noms aux autorités et se déclarèrent les « Fils de Dieu ». Mais, parfois aussi, des sectaires forment un véritable État dans l'État, une puissance qui impose ses volontés aux Soviets locaux et se moque des ordonnances du pouvoir central. Travailleurs, riches, économes, les Vieux-Croyants règnent en maîtres sur le bas Volga, sur l'Oural, en Sibérie occidentale. Un nombre immense de prêtres, désorientés par les dissentiments intérieurs de l'Église, ont préféré s'affilier à un courant qu'il était impossible d'enrayer et sauver ainsi les restes de la foi. Tout Vieux-Croyant tient pour une certitude irrécusable que les Soviets ont émergé des chaudières de l'enfer. Et ni l'Église tikhonienne, ni l'Église Vivante ne sont mieux trai-

(1) *Krasnaia Gazeta* (nos 69, 73, 96, 202, 213, de 1927).

tées que le communisme. Autant d'innovations sataniques qui barrent la route du salut.

Mais plus dangereux encore sont les Évangélistes et les Baptistes. Les premiers disposaient en 1928 de 2.500 paroisses, dotées d'écoles, de crèches, de bibliothèques, de coopératives, de cercles dramatiques, musicaux, artistiques, littéraires et scientifiques. A juger d'après les attaques de la presse soviétique, les Baptistes seraient encore mieux outillés : la Bible, l'Evangile, les psautiers s'impriment par centaines de mille exemplaires ; les *Komsomoltzy* émigrent en masse dans les *Khristomoly* (associations des jeunes gens chrétiens) ; des fonds énormes, alimentés par la générosité des États-Unis, permettent aux Baptistes de combattre la propagande antireligieuse même à Moscou.

« C'est que cette propagande, s'écrie la *Pravda* (19 octobre 1928), est menée en dépit du bon sens : la préparation des agitateurs est des plus médiocres et des plus maladroites. » Le *Bezbojnik* (n° 233) se laisse aller au même pessimisme : les « cellules athéistiques », sur tout le territoire de l'U. R. S. S., comprennent environ 200 000 membres ; la cotisation annuelle est minime, 5 copecks par mois, mais depuis deux ans et demi pas un seul de ces matérialistes convaincus n'a encore versé sa contribution à la caisse du Comité central : la déchristianisation de la Russie est décidément une entreprise déficitaire ! Avec une amertume justifiée, Iaroslavsky a signalé que même les convictions communistes s'expriment sous des formes religieuses : les moujiks se signent pieusement devant le mausolée de Lénine et souhaitent à l'âme d'« Illitch » de goûter la plénitude du bonheur au royaume des cieux.

Lorsque l'athéisme réussit à gagner le peuple au culte du Maître, le peuple célèbre la messe sur l'autel de l'Antéchrist !....

VI

LA GUERRE AU CERVEAU

Pour les mêmes raisons qu'elle déclare la guerre à la religion, la métaphysique bolcheviste lance des mandats d'amener contre la science et les savants. Le paradoxe ici n'est plus sensible qu'en apparence. Métaphysique de classe, le matérialisme marxiste foncera tête baissée, avec la même fougue, à l'assaut de toutes les disciplines qui proclament ou qui cherchent la vérité à l'usage de l'humanité et non du prolétariat. La science, dans ces conditions, apparaît forcément aussi contre-révolutionnaire que la religion. « Croyez-vous qu'il existe une géométrie communiste? » s'écria un jour le professeur Karsavine à la face des Zoulous qui, le fouet à la main, bolchevisaient l'enseignement. La *Pravda* lui a répondu par cette profession de foi, qui définit mieux qu'un volume la mentalité d'une théocratie de primaires : « L'Orient moujik a jeté bas les théories de la science occidentale; il a obligé le savant de ployer l'échine devant l'ouvrier noir de crasse. Depuis octobre 1917, la Russie rouge soutient une thèse sans pareille dans l'histoire du monde». Et, la veille du jubilé de Tolstoï, le 11 septembre 1928, le même journal renchérissait encore sur ce thème : « S'il vivait, Tolstoï aurait pu devenir l'élève de nos ouvriers et de nos paysans. »

Ainsi, la supériorité reconnue au débardeur, membre de la IIIe Internationale, comprendra indifféremment celle des muscles comme celle de la substance grise. C'est une supériorité globale, universelle, conditionnée par la nature transcendantale de la classe élue. Les Soviets ont donc été d'une logique irréprochable, lorsqu'ils composaient leurs premiers conseils académiques d'apprentis tailleurs. Ils se montrent encore parfaitement fidèles à leur doctrine quand ils pourchassent les intellectuels. « Nous n'avons jamais ignoré, écrit la *Pravda*, combien les principes de la « science pure » sont profondément hypocrites ; nous savons que « les adeptes de la « science pure » préfèrent le recul au progrès. » « Dans chaque intellectuel, s'écriait Zinovief, je vois l'ennemi juré du pouvoir soviétique. » Mais que valent les citations à côté du martyrologe qui se dégage des faits?

Sanglante moisson d'une métaphysique homicide. Le matérialisme historique a fusillé les professeurs Astrof, Volkof, Gariatchef, Onskof, Okintchitz, Lasarevsky, Kryjanovsky, Orlof, Joukof, Florinsky ; il a fait mourir de faim l'évêque Anastase, recteur de l'Académie ecclésiastique, les professeurs Kotznievsky, Lange, Mogoulsky ; les arrestations ne se comptent pas, les déportations non plus. Par crainte d'indisposer l'opinion étrangère à l'heure où ses agents quémandaient la reconnaissance *de jure*, le gouvernement de Moscou a substitué les expulsions en masse à la pratique plus radicale des

« suppressions physiques ». Par centaines, professeurs, écrivains, philosophes, savants, avocats, ingénieurs ont été conduits à la frontière sous l'inculpation de nourrir « une idéologie hostile au pouvoir soviétique » et d'« exercer, grâce à leur autorité scientifique ou littéraire, une influence néfaste sur l'esprit de la population ». La Russie a rejeté de son giron des lumières comme les professeurs Karsavine, Lapchine, Lossky, Sorokine, Kissevetter, Berdiaef, Babkine, Florovsky, Kasterine, Khranevitch, Trefilief, Moumokine, Krylof, Machailof, Alexandrof, Piassetzky, Sobol, Dobrovolsky, Efremof, Kortchak-Tchepourkovsky, etc. Et, lorsque, terrifié par ce dépeuplement, Maxime Gorky se permit de bégayer un timide plaidoyer en faveur des proscrits, il s'attira cette verte réplique de la part du président de la IIIe Internationale : « Le malheur de notre pauvre Gorky, si plein de talent, mais si débordant aussi de mansuétude, c'est que, sorti des bas-fonds, il croit devoir s'agenouiller devant tous les professeurs.... »

Toujours l'argument du bâton, le seul dont dispose une métaphysique d'État : la « libre pensée », sous son règne, est incompatible avec la liberté de penser. La guerre au cerveau pourra revêtir des formes variées suivant les nécessités politiques du moment, mais qu'elle déclenche des attaques brusquées ou qu'elle se stabilise en une lutte d'extermination systématique, elle demeure inséparable du régime. Le cerveau, après tout, n'est-il pas une richesse nationale, donc un objet de nationalisation?

Cynique comme d'habitude, Lénine, qui avait toujours refusé à l'argent la plus légère odeur,

Lénine, presque au lendemain de son coup d'État, s'empressa d'offrir à l'« Intelligence » ce compromis d'arrière-boutique révolutionnaire : la location du cerveau par le prolétariat triomphant. Lamentable erreur d'un esprit faussé par l'exil : habitué à traiter la Russie en abstraction réalisée, Lénine s'est trompé aussi grossièrement sur le vrai caractère de l'« Intelligence » que sur l'éternelle fermentation du mysticisme moujik. Si la faim ou le souci de carrière ont poussé un certain nombre de pusillanimes et d'opportunistes à devenir les pique-assiettes du communisme, la majorité des intellectuels a rejeté avec mépris une transaction qui la réduisait à l'état de spécialistes domestiqués. L'« Intelligence » est restée frondeuse sous le bât révolutionnaire comme sous le régime impérial. A l'abdication morale au service des vandales primaires, elle a préféré l'indépendance dans l'étiolement physique. En matière scientifique comme dans le domaine religieux, le bolchevisme a dû recruter ses concours parmi les charlatans et les aventuriers : la science, à l'exemple de l'Église, a trouvé dans la personne des professeurs Oldenbourg, Stcherbatof, Pinkevitch, Ossadtchy et Fersman, des Krasnitzky, des Vedensky, des Ioaniky et des Belkof, une simple variante de *tchinovniki* confessionnels. Dès qu'ils touchent aux valeurs spirituelles, les soviets les dégradent au niveau de leur nature policière et bureaucratique : ils en font l'apanage d'une Sûreté générale qui dresse des procès-verbaux à la pensée ; le seul langage qu'ils tolèrent chez l'intellectuel est une basse flagornerie de budgétivore.

En pleine académie, un Oldenbourg déplore dans

la disparition de Lénine une « irréparable perte pour la science »; et, en plein concile, un Vedensky proclame que, « depuis octobre 1917, la vérité politique habite la Russie ». « Je sens que le Christ est désormais avec nous », s'écrie le prélat marxiste; et, de son côté, l'académicien rouge ne marchande pas à la *Tché-ka* un diplôme de docteur *honoris causa*.

L'un comme l'autre ont vendu leur âme au diable. Et l'un comme l'autre ont fait école. L'Académie des Sciences a poussé la bassesse au point de doubler en 1928 le nombre de ses fauteuils et d'accueillir la candidature des « savants » tels que Boukharine et Kouybychef ! Dans un pays où la science se confond avec la révolution, la pratique du marxisme devient naturellement un titre académique, comme la moindre critique du régime entraîne la déchéance scientifique. L'on n'est académicien en Russie qu'à la condition de s'engager comme bonne à tout faire chez le parti communiste.

A l'instar du Synode pour embrigader l'Église, la *Tché-ka* a donc créé un Saint-Office pour enrégimenter la science, mais sous une étiquette philanthropique, la *Koubou*, « commission chargée d'améliorer les conditions d'existence des savants ». Groupés en cinq catégories suivant leurs mérites, les hommes de science « dûment qualifiés », c'est-à-dire convertis au matérialisme historique, reçoivent des traitements qui s'échelonnent entre le salaire d'un manœuvre et celui d'un contremaître, de 50 à 75 roubles par mois : ration de famine substituée aux *Tchiny* petroviens (1). Ce sont les privilégiés. Les

(1) Discours de Pozern au Congrès des Soviets (*Izvestia* du 17 novembre 1928).

autres se taillent des vêtements dans de la toile à sac et travaillent à la lumière des réverbères.

Mais, même rallié, l'intellectuel reste l'ennemi ; tôt ou tard il s'use, il se consume au contact avec la barbarie. Et parfois, à l'exemple de M. Kutler, ex-adjoint au ministre des Finances sous l'ancien régime, il tombe, foudroyé, sans qu'il y ait besoin de mobiliser des bourreaux, simplement parce qu'un intellectuel ne peut s'adapter aux conditions de la vie communiste. Destinée pleine d'enseignement que celle de ce haut fonctionnaire, l'un des plus grands économistes de la Russie. Le vieillard agonisait lentement dans l'une des prisons de Moscou lorsque la *Nep* jeta les Soviets en quête de « spécialistes » financiers. Sans transition, l'« ennemi du peuple » est nommé membre du Conseil de la Banque d'État; il met sur pied le projet du retour à l'étalon or, il réussit à forcer l'admiration des vandales qui l'entourent. Mais qu'importe ! M. Kutler occupe deux chambres dont l'une est réservée à sa bibliothèque : ce bourgeois dispose de 16 mètres en trop de « surface habitable »! Brutalement le Comité des locataires lui intime l'ordre d'enlever ses livres, sa seule richesse, pour faire place à l'« installation d'éléments prolétariens ».... M. Kutler parcourt le papier et s'effondre frappé d'apoplexie. Haine pour les cerveaux, haine pour les livres : toute l'essence de la dictature plébéienne est là, dans ce triste fait-divers.

Aux obsèques de leur victime, des ouvriers n'en défilèrent pas moins, derrière le catafalque, avec une couronne nouée d'un ruban couleur de viande fraîche, portant cette inscription en lettres d'or :

« Le prolétariat ne t'oubliera pas »…. Ils auraient pu remplacer avec avantage cette banalité d'usage par une parole attribuée à M. Kutler : « 40 p. 100 de la population disparaîtront avant que le règne de l'absurde prenne fin en Russie…. »

Ce règne continue….

« Nous saurons exiger, s'écria un jour Lounatcharsky, le grand maître de l'Université soviétique, que l'« Intelligence » fasse bénéficier le régime des connaissances techniques et de l'expérience acquise aux frais du peuple ; amorphe et veule, l'Intelligence russe est pareille à une femme, elle s'incline devant la force seule. » Le « Pougatchof universitaire » se garde donc bien d'imiter un exemple illustre en condamnant les chimistes comme inutiles à la révolution. A ses yeux — conception infiniment plus dangereuse — la seule chimie possible sera une chimie révolutionnaire. Si les Jacobins ont fait décapiter un Lavoisier, le « Pougatchof universitaire » n'hésitera pas — et cela au nom de la science, de sa science — à guillotiner aussi bien les chimistes que la chimie elle-même. Après avoir essayé en vain de prendre à bail des cerveaux bourgeois, le matérialisme livre aujourd'hui son ultime combat : il façonne les connaissances humaines à son image et déforme l'intelligence pour la plus grande gloire de la IIIe Internationale.

Dernière étape d'un sadisme apocalyptique : la métaphysique bolcheviste « casse la figure » à la science. Toutes les branches suspectes de compromettre le matérialisme officiel, elle les tient pour contre-révolutionnaires et les traite, en conséquence, à l'exemple des intellectuels récalcitrants : quand elle ne peut les fusiller, elle les expulse. D'un trait de plume, le bolchevisme a supprimé les « humanités » de tous les programmes ; il a jeté à la porte de ses écoles les sciences juridiques, historiques, morales, politiques, la philosophie, la psychologie, la logique, la philologie (*Izvestia* du 8 et du 17 avril 1924). La jeunesse communiste doit repousser du pied ces billevesées réactionnaires. Les héritages du passé capitaliste, les littératures des « bourgeoisies romaine et grecque », et surtout les moindres traces d'idéalisme spiritualiste, ne peuvent qu'oblitérer la « conscience prolétarienne ». Les méthodes appliquées par le camarade Pokrovsky à la formation des professeurs rouges sont étendues aujourd'hui à toute l'Université. Les facultés de Lettres ont vécu sur le territoire des républiques soviétiques. Si, parfois, l'histoire et la littérature sont admises dans les séminaires du léninisme intégral, ce n'est jamais qu'à titre auxiliaire, en ilotes, en parias. Elles seront les domestiques du matérialisme — ou ne seront pas. La langue slavonne, la mère du russe moderne, est frappée d'ostracisme comme une survivance dangereuse de l'Église tzariste. Lounatcharsky en personne s'est astreint à composer un manuel de littérature envisagé « sous l'angle du marxisme pur ». Le professeur suédois Karlgren raconte que des étudiants ont poussé le loyalisme révolutionnaire au point de boycotter Shakespeare. A leur profonde déception, ils n'ont découvert ni dans *Hamlet*, ni dans *Le Songe d'une nuit d'été*, la plus légère, la plus fugitive des allusions au *Kapital* de Karl Marx.

De pareilles manifestations, d'ailleurs, sont rendues assez rares par l'institution de deux véritables *Tché-ka* scientifique et littéraire — la *Glavnaouka*, centrale des sciences, et le *Glavnopolitprosvet*, centrale d'instruction politique — qui exercent une censure draconienne sur les manuels et sur les cours. La guerre aux idées a pour corrollaire une implacable persécution même de tous les termes jugés contre-révolutionnaires. Le mot « icone » dans une grammaire est remplacé par « représentation d'une idole ». L'adjectif « riche » est barré d'un coup de crayon rageur : « Il n'y a pas de riches dans la république des Soviets. » Le mot « paradis » a le même sort : il n'est de paradis que sous les auspices du communisme. Les exemples de syntaxe doivent être choisis surtout pour développer le « civisme » des « jeunes pionniers rouges ». Le censeur rejette avec dégoût ce vers de Lermontof, les promesses chuchotées à Tamara par le Démon : « Tu seras la reine de l'Univers », citation destinée très nettement à encourager la propagande monarchiste. Encore un coup de crayon indigné pour biffer un vieux proverbe : « Rien ne sert de courir, il faut partir à point. » Cet aphorisme ne justifie-t-il pas la plus sombre des réactions?

Le prolétariat « conscient et organisé » doit avoir un vocabulaire expurgé avec soin de tout résidu bourgeois ; à plus forte raison, il doit limiter ses lectures aux ouvrages conformes à l'esprit du matérialisme historique. Depuis le 1er janvier 1924, les ténèbres sont complètes : le « Pougatchof universitaire » a sonné un couvre-feu général. L'écume aux lèvres, il s'est jeté à la curée des livres. Il a lacéré des chefs-d'œuvre. Il a fait un holocauste de prophètes, de philosophes, de poètes. Sous menace de pénalités exemplaires, Mme Kroupskaia, présidente du *Glavnopolitprosvet*, a voué au pilon, dans les bibliothèques publiques de la Fédération, non seulement l'Evangile, la Bible, les traités théologiques ; non seulement des philosophes comme Platon, Aristote, Descartes, Kant, Schopenhauer, Spencer, Nietzsche, etc., mais même la gloire de la littérature nationale : les *Possédés* et l'*Idiot* de Dostoïevsky, les *Pères et Fils* et *Roudine* de Tourguénief, *Oblomof* de Gontcharof, *Anna Karénine* et la *Résurrection* de Tolstoï. La contagion matérialiste ne connaît plus d'antidotes.

A la *Glavnaouka* et au *Glavnopolitprosvet* s'est ajouté bientôt un autre rouage, le *Glavrepertkom*, Comité central des répertoires, investi de la même puissance dictatoriale, et placé également sous les ordres de Mme Kroupskaia, mais flanquée pour la circonstance de Lounatcharsky, commissaire du peuple et dramaturge raté. Dans une seule ordonnance, les deux fanatiques ont aligné les condamnations suivantes : supprimer à tout jamais des programmes *Lohengrin*, « œuvre mystique, d'une idéologie hostile au prolétariat » ; supprimer *Werther*, « l'état d'esprit werthérien n'étant plus de saison à une époque révolutionnaire » ; rayer des répertoires *Marie Stuart* « en raison de son caractère monarchiste et religieux » ; enlever d'*Eugène Onéguine* la scène du premier acte où une propriétaire foncière est entourée de ses paysans — « idylle de l'époque du servage, inadmissible sous le régime soviétique.... » Vous hochez la tête sans doute : lisez la *Krasnaia Gazeta* du 26 septembre 1925. Lisez aussi les circulaires de Lounatcharsky : « Les pièces choisies doivent répondre aux buts poursuivis par la classe ouvrière : elles doivent combattre les préjugés bourgeois et animer les spectateurs d'aspirations communistes actives. » Bien plus. De crainte que certaines pièces ne soient interprétées d'une façon erronée par le prolétariat, les circulaires recommandent aux « inspecteurs politiques de fournir, pendant les entr'actes, les commentaires indispensables sur la base des conceptions matérialistes ». La pitance littéraire et artistique est malaxée dans les cornues de l'Etat, estampillée par ses alchimistes, distribuée par ses fonctionnaires. Si l'Union soviétique n'a pas encore de réfectoires socialistes, où tous les citoyens s'attableraient devant le même menu prolétarien, elle a la haute main sur la cuisine des idées et la répartition de la nourriture intellectuelle. Et voilà pourquoi la révolution a le spleen, la Russie se meurt d'ennui. Elle n'est qu'une immense caserne-école où, même pendant les récréations, les élèves sont obligés d'ânonner l'alphabet rouge.

Tout en avouant « quelques légères erreurs de tactique », Mme Kroupskaia s'est appliquée à justifier en détail les mises à l'index par la nécessité de « sauvegarder les intérêts des lecteurs. » Elle fait sienne la thèse du « camarade » Pokrovsky que la réforme des bibliothèques a pour objet la « propagande rationnelle des conceptions matérialistes ». Elle déclare sans ambages que tous les « philosophes idéalistes sont des hommes nuisibles ». Elle considère les « appels de Tolstoï comme particulièrement dangereux à cause du talent exceptionnel de cet écrivain ». Il est vrai, concède la « douairière soviétique », que « le paysan et l'ouvrier moyens » ne gaspillent pas leur temps à étudier les élucubrations des « idéalistes » : le *Glavnopolitprosvet* aurait pu, sans risque considérable, permettre à Platon, même à Kant, de moisir sur les rayons des librairies populaires ; ces fossiles de la préhistoire n'auraient guère menacé la culture prolétarienne... Mais que les argousins de Mme Kroupskaia découvrent la *Critique de la Raison pure* dans un coin de bibliothèque universitaire, comme à Kazan, il n'en faut pas davantage pour destituer le bibliothécaire.

Les sections locales du « parti dirigeant » ont conclu de ces ingérences que « toute collectivité communiste », émanation du Comité central, était un arbitre universel et souverain. Dira-t-on jamais les richesses irremplaçables brûlées ainsi par la main du bourreau? En janvier 1928, la fraction communiste de Tver a chargé une commission d'inspecter la bibliothèque municipale qui comprenait 5.500 volumes. 5000 de trop, statua la commission : 500 suffiront pour éclairer les cervelles prolétariennes. Des charrettes remplies à faire craquer les essieux emmenèrent les criminels, la plupart vêtus de reliures somptueuses, timbrés de blasons, dorés sur tranche : un cortège de ci-devants. Le contremaître d'une forgerie voisine alluma le bûcher. On découvrit plus tard que, parmi les suppliciés, ne figuraient pas seulement des bourgeois comme Pouchkine, Lermontof, Shakespeare, Balzac, mais aussi Karl Marx, Engels, Lénine et Boukharine !

VII

LE SUPRÊME NIVELLEMENT

La faillite ici présente tous les signes irrécusables d'une banqueroute frauduleuse. Dans l'impuissance d'établir sa filiation scientifique, le matérialisme historique renverse l'ordre de l'hérédité : il bolchevise la science comme un « bourgeois » véreux falsifie les écritures ; il détruit les ouvrages de Kant comme des pièces à conviction. Mais bientôt même cette escroquerie apparut insuffisante pour garantir une sécurité durable. Pourquoi créer de nouvelles chaires en remplacement des programmes caducs, si les auditeurs portent la souillure originelle du péché capitaliste? Que vaut la bolchevisation de la science, si elle demeure inassimilable pour des cerveaux déformés?

Conclusion pratique : il faut tuer la pensée bourgeoise dans son germe et monopoliser l'enseignement universitaire au profit des communistes seuls. Une fois de plus, la métaphysique bolcheviste renverse les termes du problème : pour justifier le don divin de la révélation qu'elle attribue au prolétariat, elle lui confère, par lettres patentes, le droit exclusif de fréquenter les écoles supérieures. Aux termes de la nouvelle réglementation, publiée dans les *Izvestia* du 10 et 11 avril 1924, sur les 13.600 vacances disponibles dans les Universités — elles s'élevaient encore au nombre de 38.000 en 1923 et de 115.000 en 1922 ! — 8.000 places sont réservées d'office aux élèves des facultés ouvrières et 5.000 aux fonctionnaires des administrations soviétiques, soit aux membres du parti communiste, pourvu qu'ils connaissent les quatre règles d'arithmétique et quelques rudiments de grammaire. Ainsi 600 vacances seulement sont offertes aux jeunes gens, environ 30 000, qui terminent bon an mal an leurs études secondaires, et qui disposent de tous les droits réguliers pour suivre les cours d'université. Sous prétexte d'une « surproduction de spécialistes qualifiés, considérée comme un danger pour l'État », des milliers et des milliers de bacheliers voient leur carrière se briser aux portes verrouillées de l'*Alma Mater.* Camouflage misérable dont il n'est guère difficile d'éventer le pharisaïsme révolutionnaire : pour se disputer les 4,4 p. 100 de vacances qui leur sont désormais affectées, les candidats doivent présenter, en vertu du paragraphe II de la loi nouvelle, une recommandation en règle fournie par la cellule de leur résidence, la preuve d'une hérédité prolétarienne et un certificat de vaccination communiste. La révolution, par là, réalise à l'envers l'absurdité préconisée en vain même par les ministres de Nicolas Ier : les études supérieures, comme l'admission dans la garde, érigées en une prérogative de la noblesse ! Une république communiste ne s'est pas arrêtée devant une folie qui a fait reculer le plus autocrate des monarques !

Mais le seuil des universités dûment barricadé, il reste encore à débusquer les « ennemis de classe » parmi les étudiants déjà inscrits. Tous les ans, une campagne effrénée dénonce « au sein de la jeunesse un redoutable développement de gangrène politique » : à grands cris, la métaphysique bolcheviste réclame de nouvelles têtes. La terreur scolaire s'organise d'après les modèles classiques de la terreur rouge : au lieu de juges, des bourreaux. Sous la haute surveillance du camarade Iaroslavsky, inspecteur du parti communiste, des commissions inquisitoriales, peuplées de provocateurs brevetés, procèdent au « nettoyage général des écuries d'Augias universitaires ». Un odieux simulacre d'examen suivant le modèle des interrogatoires tchékistes, un minimum de légalité apparente, juste de quoi étayer tant bien que mal la sentence capitale, une farce pédagogique imitée de la comédie judiciaire, puis la charrette, des dizaines de mille étudiants exécutés sous prétexte d'« insuffisance académique ».

Prétexte non moins misérable que la crainte d'un engorgement de spécialistes, invoquée pour motiver l'anathème contre les candidats d'origine bourgeoise. Qu'un très grand nombre d'étudiants ne soient pas à la hauteur de l'enseignement universitaire : rien n'est plus incontestable. Le décret du 6 août 1918, promulgué en pleine épopée du communisme militant, n'avait-il pas ouvert l'accès des écoles supérieures à tous les cancres rouges âgés de seize ans? Mais les étudiants bolcheviks ont beau constituer le lest qui paralyse les universités : « si respectables qu'elles soient, les analyses chimiques, écrit Iaroslavski dans la *Pravda*, ne doivent jamais remplacer le travail de parti », et ce « travail » consiste avant tout à faciliter la tâche de la police en dénonçant le « bourgeois ». « Le bureau des étudiants communistes de Moscou, déclare textuellement le journal de Boukharine, prend à la *Tchistka* la part la plus active ». Des occupations de cette envergure sont évidemment assez absorbantes pour valoir des ménagements particuliers aux fruits secs de la IIIe Internationale. Iaroslavsky n'a pas craint d'affirmer que les commissions de contrôle devront *naturellement* tenir compte de l'extraction sociale des étudiants et témoigner d'une bienveillance spéciale envers les fils des ouvriers et des paysans. Avec une franchise tout aussi brutale, les journaux moscovites de 1925 ont annoncé que, sur les 15.000 étudiants examinés à Pétrograd, 2.000 furent expulsés « soit pour inactivité académique, soit comme élément social ennemi ». Parfois, en expiation d'une « origine non prolétarienne », des étudiants ont été chassés deux ou trois semaines avant l'achèvement de leurs études !

Des centaines de jeunes gens préfèrent à cette mort intellectuelle la mort sans épithète ; d'autres, plus énergiques, se lancent désespérément dans l'opposition militante, qui n'est qu'une forme plus héroïque du suicide : fauchée en herbe, la pensée russe s'effondre sous les balles ou dépérit dans les camps de concentration. Et, quand elle est tolérée, c'est pour s'enliser dans la misère, dans la crasse, dans une disette chronique. Seuls les purs d'entre les purs, soit les agitateurs et les mouchards, peuvent aspirer à l'honneur d'obtenir des bourses : le reste s'anémie et végète, épuisé par le travail manuel. « Sur les 4 000 élèves de l'Académie Petrovsky, cette pépinière du socialisme russe, 2.500 cherchent un abri pour la nuit dans les décombres des maisons abandonnées, dans les salles d'attente des gares ou sur les bancs des boulevards. De nombreux étudiants gagnent leur vie comme portefaix... Les plus heureux remplissent le métier de commissionnaire. Les élèves des hautes écoles, pour la plupart, ont l'aspect de mendiants déguenillés, sans domicile, sans argent, dépourvus de tout.... » Ce n'est pas un bourgeois qui tient ce langage contre-révolutionnaire, mais l'un des coryphées du léninisme, Boukharine lui-même, dans son rapport au XIIIe Congrès du parti communiste.

Depuis, un bolchevik presque aussi galonné, le camarade Zalkind a fixé ces navrantes vérités sous la forme préférée du bolchevisme : des colonnes de statistiques. Les deux tiers des étudiants de Moscou n'ont pas 21 roubles à dépenser par mois ; 27 p. 100 ne subsistent qu'en pratiquant les plus durs métiers manuels; 40 p. 100 au maximum se nourrissent convenablement; 20 p. 100 ne mangent pas tous les jours; et, lorsqu'ils dînent — deux ou trois fois par semaine — c'est dans les réfectoires universitaires, où les attendent un potage qui fourmille de cancrelats et du hareng méphitique. Le logement est au niveau de l'alimentation : 16 p. 100 des étudiants disposent d'une surface de 9 mètres carrés ; 24 p. 100 ont autant de place que s'ils étaient déjà couchés dans leur cercueil ; 40 p. 100 dorment moins de sept heures, après en avoir consacré quinze au travail, dont cinq ou six seulement aux études.

Résultat : le nombre d'étudiants malades balance suivant les écoles, entre 52 et 85 p. 100 : tuberculose, anémie, névrose....

Tels étaient les chiffres au début de 1928 : à la rentrée de la même année, les *Izvestia* (27 septembre) annonçaient une situation plus grave encore : 7.000 étudiants sans abri à Moscou !

De plus en plus à cette indigence physique correspond l'inéluctable appauvrissement des esprits. Le vide de la pensée n'égale bientôt que celui des ventres creux. A force de remplacer le débardeur qui se prélasse dans des chaises curules, l'étudiant ne doit-il pas en acquérir la mentalité? Pour l'écrasante majorité de la jeunesse universitaire, la métaphysique bolcheviste se réduit aujourd'hui à un sec recueil de formules stéréotypées, pareil à la fastidieuse « théorie » enseignée aux soldats sous l'ancien régime : la *Slovestnost*, pot-pourri de droit divin, de législation militaire, d'indications pratiques pour distinguer les généraux des dignitaires civils. Intellectuels ou analphabètes, tous les néophytes du communisme traitent à la manière d'un pensum ces tristes abécédaires du matérialisme historique et, comme les troupiers du Tzar sous le regard du sergent, ils récitent leurs lamentables clichés sous le knout du pion primaire. Les Soviets, d'ailleurs, ne demandent plus autre chose. D'avatar en avatar, de retraite en retraite, leur métaphysique a trouvé son dernier refuge dans une fusion avec l'enseignement politique obligatoire, la *Politgramota*, imitation caricaturale de la vieille *Slovestnost*, une sorte de *vade mecum* révolutionnaire, composé à l'usage de l'esclave communiste. L'université rouge n'exige plus de ses récipiendaires un échafaudage de preuves pour étayer leur profession de foi darwiniste et bolchevique : il lui suffit d'entendre les candidats définir la religion comme un « opium pour le peuple », l'Église comme un « instrument d'exploitation prolétarienne », et l'idéalisme comme une « escroquerie des classes possédantes ». La vulgarisation outrancière, la simplification sans pitié, toutes les manies de Lénine se trouvent ici portées à leur apogée. Le bolchevisme se contente de satisfactions verbales et se borne à dresser des perroquets marxistes.

Mais, la plupart du temps, même ces piètres résultats s'annoncent comme inaccessibles. L'étudiant n'arrive pas à maîtriser sa répugnance pour les exercices mnémotechniques imposés par l'État. Un certain Nevjinsky avoue dans la *Pravda* que, prise en bloc, la jeunesse des écoles témoigne d'une « ignorance politique absolue ». « On pourrait compter sur les doigts, poursuit-il, les étudiants, même communistes, qui manifestent quelque intérêt envers les doctrines et le régime des soviets. » A titre d'exemple, il signale les réponses des jeunes gens sur le point de conquérir leurs diplômes de docteurs ès sciences sociales.

Blasphèmes inexpiables !

Gravement, des étudiants certifient que Bakounine a représenté les Soviets à la conférence de Gênes et qu'Engels est le chef de l'armée rouge. Si le ridicule pouvait tuer en Russie, le bolchevisme aurait depuis longtemps suivi ses victimes au « royaume du général Doukhonine » — aimable périphrase pour désigner le tombeau. Des villages sans nombre portent déjà les noms de Karl Marx, de Liebknecht et de Rosa Luxembourg ; mais leurs habitants, d'après Sosnovsky, le rédacteur en chef du journal rural, la *Bednota*, sont toujours bien embarrassés à expliquer la signification des lettres fatidiques, U. R. S. S. ; il en est qui confondent les pires contre-révolutionnaires, comme le général Denikine, avec le président de la Fédération, le « camarade » Kalinine ; il en est qui ignorent jusqu'aux noms de Vorovsky, de Zinovief, de Staline, et pour qui les termes de *Sovnarkom* et de *Vtzik* demeurent toujours du chinois ou de l'hébreu,

« La campagne russe, s'écria Mme Kroupskaia, dans son rapport au XIIIe Congrès du parti communiste, sombre tout entière dans l'ignorance ; il existe des régions où, pour 8.000 paysans, on serait bien en peine de trouver une seule ligne imprimée ; et quand, par hasard, un journal y pénètre, on s'empresse de le partager pour confectionner des cigarettes.... Il existe également d'immenses régions qui n'ont jamais vu un inspecteur d'école.... Les livres sont absolument inaccessibles à la population rurale. Un abécédaire vaut un poud de blé ; un manuel d'histoire, trois pouds ; un crayon, dix livres.... Les paysans d'un village ont rassemblé cinquante pouds de seigle et les ont mis à la disposition du maître d'école : il a pu les réaliser pour se procurer vingt manuels défraîchis... »

« L'école n'est pas chauffée, continuait Mme Kroupskaia; on a donc verrouillé les classes. Juchée sur le poêle de sa chambrette, couverte de guenilles, l'institutrice dicte à des élèves effroyablement sales qui écrivent avec de la craie sur le plancher. Cela se passe dans le gouvernement de Penza, l'un des plus florissants de l'ancienne Russie. Depuis la

Révolution, dans la même province, les écoles primaires n'ont pas compté une seule fillette comme élève.... »

Des témoignages de cette nature pourraient remplir d'énormes cahiers de doléances. « Le travail nous tombe des mains », écrit une institutrice à la *Pravda* — démoralisation compréhensible — la cellule communiste tient ses séances à l'école et en fait un égout... « Le corridor de l'école, c'est tout ce que j'ai pour logement avec mon enfant malade, écrit une autre institutrice ; le socialisme, je croyais que c'était l'électricité, la chaleur, la science.... » Et la *Pravda* conclut : « Tous les abus, toutes les perversions et toutes les monstruosités de l'administration s'appesantissent sur les institutrices et les instituteurs. »

Sous le « règne du goujat », lire, écrire, compter — autant de supériorités sociales, autant d'atteintes à l'égalité intégrale ; même le primaire finit par devenir l'ennemi !... Les deux républiques les plus avancées de l'Union soviétique, la Russie et l'Ukraine, comptaient, en 1928, 25 millions d'analphabètes, et, d'année en année, les entreprises du *Likbez* (liquidation des illettrés) ralentissent leurs efforts et diminuent leurs budgets : dans 13 gouvernements, parmi les plus riches, cette régression atteint 45 p. 100 (*Pravda* du 13 octobre 1928). D'après le rapport de Lounatcharsky, au dernier Congrès des Soviets, le commissariat de l'Instruction publique n'est même pas en mesure de réaliser le quart de sa tâche ; la clientèle des écoles primaires comprend, suivant les régions, de 30 à 50 p. 100 de la « masse infantile » ; il faudrait au bas mot 1.400 millions pour réparer ou construire des bâtiments scolaires et des sommes non moins « astronomiques » pour compléter le personnel enseignant. Un instituteur — c'est-à-dire le rouage fondamental dans une théocratie de primaires — reçoit du prolétariat victorieux 44 p. 100 de son traitement d'avant-guerre.

Mais supposons un instant la Fédération soviétique tout entière dûment instruite d'après les méthodes marxistes : que gagneraient la Russie et le monde à cette bolchevisation en série des cerveaux moujiks?

Le Pindare des bas-fonds moscovites, Demian Bedny, dont les pires audaces demeurent impunies, s'est permis le luxe de forger, conformément à la mode communiste, un abréviatif encore inédit dans le jargon officiel : *Sovdouraki*, imbéciles soviétiques ; un type nouveau d'idiot : le *minus habens* rouge, le microcéphale révolutionnaire. Corsé de quelques diatribes athéistiques, complété par les rudiments d'un matérialisme démagogique et les principes de la législation bolcheviste, le marxisme, déchu au rang de formulaire mnémotechnique, contient pour le *sovdourak* la clef de l'Univers et un guide administratif. C'est sa théologie, sa métaphysique, son encyclopédie, son catéchisme. Lorsqu'un *sovdourak* parvient à réciter par cœur quelques passages du *Kapital*, ce *summum* d'érudition lui donne le droit de mépriser le reste des connaissances humaines. Il affirmera, sans sourciller, qu'Eugène Onéguine, le héros de Pouchkine, est un poète lyrique ; il situera la Suède dans l'Afrique du Nord et jurera que le Donetz se trouve en Espagne, « car Don est le nom d'un citoyen espagnol » (1) ! Mais il

(1) Rapport de Boukharine au XIIIe Congrès du parti communiste.

déclame le Talmud de Marx, il est membre militant d'une cellule : comment lui refuser, dans ces conditions, le privilège d'ignorer l'orthographe et la géographie?

De tragiques avertissements s'élèvent parfois des ténèbres où s'éteint le génie d'un grand peuple. Au Congrès géologique de Moscou, quelques professeurs, poussés à bout, ont laissé entendre cette protestation poignante : « L'atmosphère morale en Russie demeure irrespirable. Les savants russes ressentent douloureusement l'absence de légalité dont souffre tout le peuple ; ils estiment que l'heure, enfin, est venue pour assurer au pays les droits élémentaires « de l'homme et du citoyen ».... Clameur d'angoisse, cri de naufragés ! S. O. S. ! Sauvez nos âmes ! Le déchirant appel des navires en détresse, lancé par Léonide Andréef avant de mourir, bourdonne encore à travers la nuit, mais de plus en plus haletant, de plus en plus affaibli. Les mourants prennent la place des morts pour sonner le glas funèbre de l'intelligence russe. Déguenillés, faméliques, ils se lèvent de leurs grabats et tirent sur la corde. Devant l'étendue de la catastrophe, même les pensionnaires des Soviets, même les bureaucrates du marxisme finissent par éprouver un frisson de terreur. Simple inadvertance sans doute, la *Pravda* a publié sous la signature de quatre « professeurs rouges » un pronostic désespérant : « En cinq ans, au maximum en dix ans, les cadres fondamentaux des travailleurs intellectuels disparaîtront ou se transformeront en invalides.... Les mauvaises conditions matérielles ne feront qu'accélérer cet épuisement. La préparation des cadres scientifiques se distingue, en général, par une extrême lenteur ; elle échappe aux réglementations, elle échappe aux décrets... En comparaison des besoins du pays, les promotions de l'Institut des professeurs rouges portent un caractère bien modeste....La bourgeoisie seule pourrait fournir à la Russie les contingents intellectuels qui lui sont indispensables. »

Même si la *Tché-ka* s'abstient de les étrangler, ces voix sont condamnées à clamer dans le désert. Pour vivre, le bolchevisme doit se repaître de cervelle humaine. Sa métaphysique ne subsiste qu'à la condition d'anéantir la pensée. Fille bâtarde de la science, elle n'est plus aujourd'hui qu'un fétichisme de troglodytes. Châtiée en son orgueil injustifié, elle est partie des laboratoires pour échouer dans les cavernes. Son triomphe est la mort de la civilisation. Bientôt les dernières épaves cérébrales disparaîtront sous l'immense houle d'ignorance et de fanatisme déchaîné sur un pays incapable d'une longue résistance intellectuelle. La victoire du matérialisme historique sera en fin de compte la victoire de la matière sur l'esprit. Dans le silence mortel où s'enfonce la Russie, on entendra tout au plus des *sovdouraki* ressasser leurs onomatopées marxistes ou des *klikouchi* bégayer leurs folles incantations....

« ...Car tous les esclaves doivent être égaux dans l'esclavage.... Les sciences, les talents : apanage des esprits supérieurs.... On coupe la langue à Cicéron, on crève les yeux à Copernik, on lapide Shakespeare. Assez d'instruction, assez de science : il ne faut que de l'obéissance. La soif d'instruction est déjà une soif d'aristocrate. Ajoutez-y la famille et l'amour, et la propriété privée surgira d'elle-même. Nous étoufferons les désirs ; nous encouragerons l'ivrognerie et les dénonciations ; nous déchaînerons une effroyable bestialité ; nous éteindrons le génie dans son œuf. Nous réduirons tout à un seul dénominateur.... Il n'y a que l'indispensable qui soit nécessaire : telle sera la devise de l'univers.... »

Ainsi, il y a cinquante-sept ans, Dostoïevsky se représentait la Russie livrée aux possédés révolutionnaires : il ne s'était pas trompé.

DEUXIÈME PARTIE

EXISTE-T-IL UNE POÉSIE PROLÉTARIENNE ?

I

LA LITTÉRATURE, INSTRUMENT DE CLASSE

Existe-t-il une poésie prolétarienne?

Le parti communiste russe a déjà répondu à cette question par un « oui » catégorique. Il y a répondu, suivant son habitude, sous forme d'une longue résolution, paraphée par tous les membres du Comité central, comme s'il s'agissait d'un problème économique ou d'une question de propagande. *Fiat poesis !* Depuis le 1er juillet 1925, la littérature prolétarienne est officiellement reconnue ; elle fait partie de l'État bolchevik à l'égal de l'industrie nationalisée ; elle est un « instrument de classe » comme la G. P. Ou.

Essayons de mettre en français les clauses principales de cet oukaze à l'usage des cerveaux domestiqués et des plumes esclaves.

« Nous sommes entrés, proclame fièrement le Comité central, en pleine période de la révolution culturelle — épithète affectionnée entre toutes par les primaires de Moscou — période où il convient de voir une étape importante du mouvement ultérieur vers l'organisation de la société communiste. La littérature nouvelle, prolétarienne et paysanne, depuis ses manifestations embryonnaires jusqu'à ses productions supérieures et idéologiquement conscientes (*sic*), caractérise le mieux le progrès de ce mouvement culturel des masses ouvrières. » Mais hélas ! soupire le Comité central, « la complexité du processus économique, le développement parallèle des intérêts contradictoires, la naissance d'une bourgeoisie nouvelle, l'attirance que cette bourgeoisie exerce sur les intellectuels, la facilité, enfin, avec laquelle les profondeurs sociales dégagent chimiquement (*sic*) des agents au service de l'idéologie bourgeoise : tous ces facteurs ne manquent pas de se répercuter à la surface littéraire de la vie publique. »

Ces prémisses posées, — dans une langue, au reste, qui ne permet guère de bien augurer du style prolétarien — le Comité central établit les règles principales de l'esthétique communiste :

« La lutte de classe doit continuer en littérature comme partout ailleurs. Il n'existe pas d'art neutre dans une société de classe, et le devoir du prolétariat consiste à s'emparer de secteurs toujours plus nombreux sur le front idéologique. D'ores et déjà, le matérialisme dialectique commence à s'infiltrer dans les sciences biologiques et psychologiques. Les mêmes conquêtes sont promises à la littérature prolétarienne... »

Ce charabia prétentieux se réduit, en définitive, à déclencher la guerre civile en littérature pour la soumettre à la dictature du prolétariat. « La haute direction dans le domaine littéraire, affirme le

Comité central, appartient à la classe ouvrière seule. Et, comme les écrivains prolétariens n'exercent pas encore une hégémonie intégrale, le parti communiste doit les aider à conquérir le droit historique à cette prédominance. »

En politique comme en art, on le voit, la méthode demeure rigoureusement identique. Même leur élite intellectuelle, les Soviets la créent par ordonnance administrative. En principe, un écrivain est « prolétarien » aux yeux de l'autorité, s'il est rallié à l'association des écrivains prolétariens, comme tout citoyen de l'U. R. S. S., adhérent au parti communiste, devient *ipso facto* membre de l'aristocratie dirigeante. Dans un Etat qui cumule tous les pouvoirs et tous les monopoles, dans un Etat qui est en même temps une Église, une académie de métaphysique et une école de morale, il ne pourrait, d'ailleurs, en être autrement. L'orthodoxie, en matière de politique, de religion, de philosophie et d'esthétique, est forcément une affaire de police.

Sous le nom bizarre de *Vapp*, (*vserossiskaia assosiatzia proletarskikh pissateleï*), l'association pan-russe des écrivains prolétariens reproduit les traits principaux du genre. A l'instar du parti communiste, la *Vapp* a déjà ramifié un réseau touffu de succursales et de cellules. Suivant les villes où elles siègent, et dont elles adoptent la lettre initiale, ces différentes filiales répondent à une gamme stupéfiante de sobriquets cocasses : il existe une *Mapp* à Moscou, une *Lapp* à Leningrad, une *Rapp* à Riazan, une *Sapp* à Saratof, une *Tapp* à Toula, une *Kapp* à Kostroma, autant de *Tché-ka* littéraires dressées contre la liberté de l'esprit.

Nous n'exagérons rien. A la suite de sa première réunion plénière, véritable conseil de guerre tenue par des gratte-papier forcenés, la *Vapp* a lancé une proclamation qui restera, sans conteste, le plus monstrueux monument d'intolérance du fanatisme communiste.

« *La littérature artistique*, déclare la *Vapp*, *est un incomparable engin de combat.... S'il est exact, comme Marx l'a déjà observé, que les idées directrices d'une époque sont toujours les idées de la classe dirigeante, la dictature du prolétariat est incompatible avec la domination d'une littérature non prolétarienne.... Parler de collaboration pacifique avec la bourgeoisie ou de rivalité pacifique entre différentes tendances littéraires, c'est verser dans la plus sombre des utopies réactionnaires... Les idéologies qui s'attachent à l'égalité des valeurs artistiques ne songent qu'à se retrancher dans leurs positions pour bombarder la citadelle de la littérature prolétarienne. Quoi de plus logique? La littérature, dans les conditions présentes, est l'une des dernières arènes où la bourgeoisie livre sa suprême offensive contre le prolétariat....* »

La *Vapp* envisage ce duel comme une lutte à mort. A moins d'annihiler l'adversaire, le prolétariat risque de perdre ses prérogatives de « classe dominante ». Telle est la crainte panique inspirée encore au bolchevisme par une bourgeoisie décimée et muselée, qu'il attribue un sens contre-révolutionnaire jusqu'aux productions purement esthétiques de la classe asservie. L'unique concession à laquelle souscrive la *Vapp*, c'est la nécessité de « prendre à la littérature bourgeoise ce qu'elle contient de réellement précieux — ses éléments progressifs ». La

Vapp, une fois de plus, fait honneur aux traditions classiques du léninisme ; elle transpose avec la même fidélité, en excellent élève, sur le plan littéraire, les procédés de la terreur rouge et ceux de l'expropriation ; le bolchevisme s'arroge le droit de nationaliser, après les banques et les usines, tous les reliquaires où, pendant des siècles, la poésie russe a entassé ses joyaux impérissables.

Mais, s'empresse d'ajouter la *Vapp*, il ne faut pas que la littérature prolétarienne se borne à « tirer profit des réserves accumulées sous le régime capitaliste » ; il faut qu'elle dépasse d'un coup d'aile les frontières qui ont marqué l'extrême limite de l'effort bourgeois et qu'elle soumette à un malaxage énergique la « culture d'un monde périmé ». De là, le devoir de trier les auteurs sans mansuétude, d'accueillir seulement les plumes réconciliées à tout jamais avec le communisme. Tout écrivain, alors même qu'il ne serait pas un adversaire de la Révolution, mais qui « s'abstiendrait d'arrondir les points sur les *i* du bolchevisme », la *Vapp* le condamne au bûcher et met son œuvre à l'index. Aucune circonstance atténuante n'est admise : l'arc-en-ciel d'une palette, la splendeur d'un style, la douceur du rythme ne font qu'aggraver le crime d'offrir au prolétariat du poison bourgeois dans une coupe ciselée.

Il faut lire, même sous la signature de Trotzky — l'homme qui, de tous les chefs soviétiques, a pourtant poussé le plus loin l'esprit de tolérance littéraire — les âpres jugements que porte le communisme sur les auteurs coupables d'hésiter à la lisière de la révolution. Dans le célèbre poème de Block,

Les Douze, où l'opinion européenne a salué une sorte d'épopée bolchevique, Trotzky découvre surtout un cri d'angoisse inspiré par un passé qui s'écroule. La même excommunication s'abat sur Kluef malgré ses origines paysannes, malgré son lyrisme de terroir, malgré les métaphores rustiques qu'il brode en l'honneur du communisme. « Que resterait-il de Kluef, se demande Trotzky en bon marxiste, si on lui enlevait sa « paysannerie »? Rien. Kluef accepte la révolution parce que la révolution a émancipé le moujik. La République des Soviets, pour ce poète, s'attarde à demeurer toujours la Russie : la terre promise qu'il aperçoit à travers le socialisme est un royaume de blé, d'icones reluisantes et d'izbas versicolores ; c'est à peine s'il y admet le radio et l'électrification .... » Il est vrai que, pour manifester son loyalisme, Kluef s'est appliqué un jour à verser de l'ordure à pleins seaux sur le Christ et la Vierge; mais cette bassesse n'a guère eu le mérite de porter les Zoïles rouges à l'indulgence. La critique communiste a éventé la manœuvre et s'est gaussée avec mépris d'une infamie stérile.

Choisi entre mille, cet exemple laisse entrevoir l'esprit inquisitorial qui préside aux rapports de la révolution avec la littérature. La police littéraire a le droit de perquisitionner sous la boîte cranienne, d'inventorier les cerveaux, de faire la chasse aux restrictions mentales. Comme la science, la critique, sous le régime des Soviets, relève de la Sûreté générale et du parquet. Un membre important du Comité central, le camarade Sosnovsky, s'est même spécialisé dans le triste métier de mouchard littéraire : une loupe à la main, il cherche les traces de contre-révolution dans un livre ; il dénonce à la *Tché-ka* le moindre fragment de phrase qui lui paraît distiller un toxique capitaliste. Lorsque M. Aichenwald publia son beau volume, *Poètes et Poétesses*, ouvrage où il eut l'incommensurable audace d'effeuiller quelques fleurs sur les tombes de Fet et de Tutchef, Sosnovsky se livra, dans la *Pravda*, à une crise d'épilepsie écumante : « Dictature prolétarienne, s'écria-t-il, où est ton knout? Nous devons lapider les écrivains qui coiffent les oreilles d'âne de la réaction, qui se permettent de pratiquer l'art pour l'art. » Le communisme interdit aux poètes de s'isoler dans leur tour d'ivoire, de tourner le dos aux convulsions de la rue, de remuer des cendres et de chantonner à mi-voix. Il dénie aux artistes le droit de conserver leurs sanctuaires intérieurs. Sosnovsky lacère de ses griffes les feuillets où Sologoub, Brussof, Iwanof, Tchoulkof ont inscrit leurs rêveries délicates et leurs pieuses nostalgies. « On se console en relisant Pouchkine devant une tasse de thé, ricane-t-il ; de l'énergie gaspillée, de la réaction, de la bêtise.... » Pour être taxé de contre-révolutionnaire, il suffit de rester en dehors de la révolution.

En revanche, malheur à ceux qui s'aventurent à critiquer les mirmidons groupés sous la protection de la *Vapp*. A moins d'occuper, comme Sosnovsky, les échelons supérieurs de la hiérarchie bolcheviste, on est astreint à bégayer d'admiration et à balancer l'encensoir. Pour remettre au pas une publication dont l'enthousiasme lui a semblé un peu tiède, le poète Wassily Kniasef s'est borné à rappeler qu'il était membre du parti communiste.

M. Levinsson s'est vu obligé de quitter incontinent la *Vie de l'Art* — revue où il se permit d'égratigner les *Mystères Bouffes* de Maiakovsky — sous l'inculpation de « saper les bases du pouvoir soviétique et de compromettre la production révolutionnaire ». Et la rédaction d'un des plus grands périodiques de Moscou, *Le Livre et la Révolution*, a dû se précipiter *in corpore* aux pieds de Demian Bedny pour effacer le souvenir de quelques lignes injurieuses à la gloire de ce barde léniniste.

La poésie prolétarienne est intangible ; elle est une poésie d'État; en dehors du Parnasse rouge il n'y a que « faiblesse de glandes lacrymales, myopie bourgeoise, aboulie d'intellectuels ». Mais, si tranchante que soit cette différenciation, établie par Demian Bedny en personne, elle ne suffit guère à définir la « poésie prolétarienne ». Elle indique tout au plus qu'elle est le contraire de la poésie bourgeoise, comme le régime bolchevik est le contraire du régime capitaliste.

C'est en vain que nous chercherions des précisions plus instructives dans les textes officiels : un gouvernement pourra pousser la démence doctrinale au point de traiter la poésie en compartiment administratif, de lui infliger une direction bureaucratique, de l'emprisonner sous un monceau de circulaires ; toute cette paperasserie sera impuissante à dégager une poétique. La *Pravda* elle-même a fini par témoigner à cet égard d'un scepticisme contre-révolutionnaire. « Nous avons des *Vapp*, des *Mapp* et des *Lapp*, constate ce journal en date du 18 juin 1925 ; nous avons des motions, des déclarations et des résolutions, mais avons-nous une littérature? Et, si nous en avons une, quelle est-elle? »

II

LA BOLCHEVISATION DU VERBE

Les inquiétudes de la *Pravda* ne sont que trop justifiées. Pas plus que le parti communiste dont elle est le département littéraire, la *Vapp* ne saurait être comparée, suivant les vœux dé Lénine, à un monolithe sans fissures. De même qu'il existe au sein du « parti dirigeant » des fractions qui, toutes, se réclament du Maître, de même, dans les cadres de la *Vapp*, un pullulement inouï d'écoles et de pléiades se dispute le monopole de l'esthétique communiste.

En dresser un catalogue complet serait une tâche aussi fastidieuse qu'irréalisable. La poésie prolétarienne est un champ clos où s'entre-choquent les dépravations les plus échevelées, les cuistreries les plus redondantes, toutes les maladies du verbe trituré, dépecé, écartelé, crucifié par des graphomanes sadiques. Qu'il suffise de signaler, pour mémoire, parmi ces bourreaux de la langue, les *akméistes*, les *présentistes*, les *construistes*, les *symbolistes*, les *centristes*, les *bezpredmetniki* — ou négateurs des sujets littéraires, — sans oublier les *nitchevoki*, peut-être les moins dangereux puisqu'ils pratiquent le célèbre *nitchevo* en proclamant que « toute poésie est abolie ». Au-dessus de ces hystériques de deuxième zone, nous trouvons les grands cénacles : les *Napostovtzy* qui tirent leur étymologie des termes *na postou* (fidèles au poste), et qui, sous les préceptes de Vardine, s'épuisent à rythmer les préceptes de Karl Marx ; le groupe de la *Kouznitza* — la « forge » poétique du bolchevisme ; les *imaginistes*; enfin les *futuristes* avec leur aile extrême-gauche : le *Lef* et les *egofuturistes*. Jamais la littérature russe n'a connu plus de coteries et de chapelles que sous le régime du suprême nivellement et de la centralisation à outrance.

Devant ce spectacle, un humoriste rouge a trouvé le mot qui résume la situation : « Au lieu d'avoir la poésie des fabriques, nous avons des fabriques de poésie. » Il n'y a pas là qu'une boutade. L'exubérante germination des officines littéraires correspond à la place privilégiée que détient la théorie dans toutes les entreprises du bolchevisme. Comme la révolution est issue de la dogmatique marxiste, la poésie révolutionnaire doit avoir pour condition une poétique prolétarienne. Livresque jusqu'au bout, le bolchevisme attache beaucoup plus d'importance à codifier les règles de son esthétique qu'à voir éclore une littérature spontanée : ces règles établies, la création artistique n'aura qu'à se conformer aux formulaires. Mais ce qui aggrave, ici, les embarras du parti communiste, c'est que Marx, trop préoccupé de révolution sociale, avait omis de promulguer les lois de l'art révolutionnaire ; et de là les flottements du bolchevisme, en face des poétiques qui s'offrent à son choix. Habitué à recourir à son Talmud pour y trouver une solution exégétique à toutes les difficultés, il vogue sans boussole ; il prend tour à tour comme pilotes futuristes, présentistes ou imaginistes, puisqu'ils sont tous prolétariens. Ajoutons que ces chapelles et ces cénacles répondent à l'idéal bolchevik de l'effort collectif, qu'ils réalisent l'idée d'ateliers intellectuels, et l'on comprendra que le parti communiste voie sans défaveur fumer ces innombrables fabriques de poésie, chantiers des rimeurs syndiqués.

Car elles fument, ces fabriques, elles fument beaucoup plus que les hauts fourneaux qui manquent toujours de charbon : elles répandent à gros flocons cette éternelle fumée russe, la fumée des orgies verbales, des casuistiques alambiquées. Quelle est la marque distinctive de la poésie prolétarienne, se demandent les byzantins du marxisme et les précieuses de l'Internationale? Son essence réside-t-elle exclusivement dans des thèmes révolutionnaires? Ces thèmes, est-il permis de les habiller à la mode capitaliste, de les profaner par un style suranné?

« Secousse cosmique », « bouleversement planétaire », la révolution russe ne peut décemment arrêter sa course victorieuse sous les murs de ce dernier retranchement bourgeois — le classicisme. Il faut qu'elle en renverse l'autocratie comme celle des Tzars ; il faut qu'elle brise le despotisme de l'ancienne prosodie et des rythmes périmés. La poésie nouvelle tirera ainsi son caractère prolétarien non seulement de ses sujets révolutionnaires, mais aussi d'une façon révolutionnaire d'accorder la lyre et de scander les vers. Elle se différenciera de la poésie bourgeoise par un extrêmisme artistique, frère de l'extrêmisme politique et social. Elle bolchevisera le style, la rime, le vocabulaire, la grammaire elle-même au besoin.

Quoi d'étonnant dès lors, si, de toutes les « fabriques de poésie », l'usine futuriste a paru réaliser le mieux les aspirations du communisme artistique? Le futurisme n'a-t-il pas été, dans le domaine littéraire, une sorte de bolchevisme avant la lettre? « Lancé à l'assaut de l'esthétique routinière, écrit le camarade Gorlof, le futurisme se trouvait en rébellion ouverte contre le régime qui avait créé cette esthétique. » Communiste à titre potentiel, né d'un coup d'État poétique, d'une sorte d'« Octobre » littéraire, le futurisme n'attendait que l'irruption du futurisme politique pour en devenir la poésie officielle.

Si spécieuse que fût cette théorie, elle eut le privilège de bénéficier, pendant longtemps, de toutes faveurs soviétiques. A peine organisé, le *Proletkult* s'est transformé en fief du futurisme, et aujourd'hui encore — nous le verrons plus loin — l'esthétisme maladif de Lounatcharsky, protecteur attitré des beaux-arts et des belles-lettres, continue toujours d'attacher les troubadours futuristes au râtelier de la dictature prolétarienne.

Sympathies qui n'ont rien de surprenant. En pleine terreur, le premier soin de Lounatcharsky a été de créer une « section de cirque » au commissariat de l'Instruction publique et de rassembler, sous les lambris du Kremlin, une véritable Cour des miracles. Sur un pays d'affamés, sur la misère et sur le sang, la folie se contorsionne et secoue ses grelots, une fête pendant la peste ! Les paillasses se précipitent à l'odeur de la curée bourgeoise ; il en est qui arrivent aux séances du *Proletkult* dans un traîneau de Carnaval attelé de dromadaires; d'autres amènent leurs chiens savants et leurs cochons dressés. Les honneurs prolétariens pleuvent sur les montreurs d'ours. Un décret fait du couple Bim-Bom les « fous de Sa Majesté le Peuple », tandis que les futuristes sont sacrés chantres officiels de la « patrie communiste ». Comme pendant aux « fabriques de poésie », Lounatcharsky a inauguré une Académie du cirque, une « Fabrique des Excentriques »....

La vérité, c'est que, pour cet inguérissable sadique, le cirque demeure l'art suprême, le cirque élevé au niveau d'une conception métaphysique : une déformation systématique et burlesque de la vie. Lounatcharsky a jonglé avec de la cervelle humaine. Il a manégé les professeurs à l'instar des chevaux. Il a traité les artistes en clowns. Barnum de cauchemar, il a fait gambader, le knout à la main, comme un troupeau de singes, la science, la religion, la morale. Pourquoi se serait-il gêné davantage avec la poésie?

Les pitreries futuristes ont abouti cependant à provoquer une virulente réaction. A force de s'annexer des histrions et des jongleurs, à force de conférer à leurs pantoufleries un cachet d'orthodoxie communiste, le bolchevisme se frappait lui-même dans son prestige ; il compromettait gravement la santé du prolétariat par sa promiscuité avec un dilettantisme de décadence. Il fallait donc, avant tout, démontrer que le futurisme avait falsifié sa généalogie révolutionnaire, qu'il arguait en fraude de sa noblesse prolétarienne. Ce fut l'œuvre de Trotzky, dans une série d'articles retentissants qui ont fait, plus tard, la matière d'un volume. « Le futurisme, écrit cet impitoyable matamore, est un produit de la bourgeoisie au couchant de sa carrière. La révolution d'octobre l'a surpris au café, et non dans la rue : conséquence directe de ses vraies origines sociales, la « bohème bourgeoise », qui, sous son mince vernis de nihilisme littéraire, n'avait rien de révolutionnaire, n'avait rien de prolétarien. »

Pour illustrer son verdict, Trotzky n'hésite pas à foncer contre la gloire de l'école futuriste : « Maiakovsky partage les haines révolutionnaires, écrit-il ; mais il ne s'est pas identifié avec la révolution » ; et de là cet effort épuisant pour camoufler un irrémédiable divorce par des excentricités verbales à résonances léninistes. « Maiakovsky et ses collègues, continue Trotzky, ont la prétention de tonner plus fort que le tonnerre. Ils s'égosillent au risque de casser leurs cordes vocales.... Ils tutoient la révolution. »

Dans cette familiarité de mauvais ton, Trotzky dénonce un véritable crime de lèse-majesté communiste. « Maiakovsky et ses congénères, dit-il, estiment que, pour parler en révolutionnaires authentiques, il est indispensable d'être grossier. » Et de fait, d'ordinaire prétentieux et maniéré, le futurisme, lorsqu'il aborde des sujets empruntés à la révolution, s'encanaille comme par enchantement. « Volons les richesses dans les poches mondiales ! » s'écrie Maiakovsky dans son poème *Les 150 millions*, poème où il a tenté de retracer la tragédie du peuple russe, de 150 millions de moujiks. Les mêmes truculences artificielles se retrouvent chez Asséef dans son histoire rimée de Boudenny, le célèbre chef de la cavalerie soviétique, le Murat du bolchevisme.

Les rouges y « tâtent le foie aux blancs » ; les Soviets y « grincent de leurs dents révolutionnaires » : violences débitées à froid, du bolchevisme truqué, réduit aux procédés du métier littéraire. Qu'ils s'appellent Maiakovsky, Asséef, Chiclovsky, Khlebnikof, Kroutchenykh, les futuristes se bornent à styliser le communisme.

Voilà pourquoi, malgré la brutalité populacière de quelques accords, malgré son abus des pédales, la musique futuriste n'atteint pas la clientèle révolutionnaire. Son orchestration déconcerte les oreilles prolétariennes par les saccades de ses rythmes, par les extravagances de son vocabulaire, par la pléthore de ses néologismes ; Maiakovsky n'a-t-il pas menacé ses lecteurs de rimer bientôt des formules mathématiques? En attendant, cet écrivain s'exerce à de surprenantes vocalises :

> Voici que s'élance
> Des profondeurs marines
> Un comité révolutionnaire aquatique.
> La garde des gouttes,
> Les partisans des eaux
> Grimpent
> Sur la crête
> De la tranchée humide
> Jusqu'au ciel,
> Se jettent en avant
> Et retombent de nouveau.
> Les vagues prêtent serment
> Au Comité central panaquatique
> De ne point déposer
> Jusqu'à la victoire
> L'épée des orages...

Et voici qu'ont vaincu
En plein équateur
Des gouttes soviétiques
Le pouvoir illimité.

C'est ainsi que Vladimir Maiakovsky se plaît à décrire l'océan Atlantique. Voici maintenant ses imprèssions parisiennes :

L'eau brûle,
La terre brûle,
L'asphalte brûle...
On dirait que
Les lanternes répètent
La table de multiplication...
Si j'étais la colonne Vendôme,
J'aurais épousé la place de la Concorde.

Mais voici quelque chose de plus inquiétant : la fête du 1er mai, Maiakovsky la traite avec plus de désinvolture encore que les pavés bourgeois de Paris. Il se borne à rimer un extrait de lexique communiste :

Peuples.
Flamme
De la liberté.
Drapeau
Rouge, etc.

Rendons toutefois cette justice à Maiakovsky : il emploie jusqu'à présent des termes russes : ses néologismes conservent toujours un certain rapport avec le langage articulé. Qualités de plus en plus rares. Le cirque s'affirme déjà trop classique, trop bourgeois, et les deux tiers au moins des trouvères futuristes élisent domicile au jardin zoologique et au cabanon. La grammaire est déclarée « ennemie du peuple » : Asséef lui inflige des entailles qui auraient fait rougir un élève de septième. Le bon sens lui-même n'est plus qu'un triste héritage de la contre-révolution. Pour s'en convaincre, il suffit de feuilleter la collection du *Lef*, périodique autour duquel se groupe l'avant-garde du futurisme, les Kroutchenykh, les Terentief, les Zdanevitch.

Zgara-amba
Zgara-amba
Zgara-amba
Zgara-amba
Amb.
Tronc. Lin. Jour. Ombre.
Poc. Lok. Dok. Ook.
Ttcha-Ttcha
Amo
. . . .
Rzilipara
Tam-tara-tra
Tztza-tzap.

Le dadaïsme, sans doute, n'est pas un phénomène particulier à la Russie des Soviets, et partout, indépendamment des régimes politiques, une minorité de névropathes s'acharne à mettre en vers les ululements qu'ils auraient poussés sous la douche. Mais si, partout, le dadaïsme ne provoque que la pitié ou le sourire, à Moscou, il tire la langue et se trémousse sous la protection officielle du commissariat de l'Instruction publique. Lounatcharsky a suivi le futurisme dans ses migrations vers les petites maisons et les ménageries. Il recueille avec piété les braiments qui s'échappent des cages et des camisoles de force ; il leur accorde les honneurs des presses officielles et les édite aux frais de l'État ; il encourage de toutes ses forces le développement des *Komfut* — alvéoles futuristes — où des possédés déclament leurs onomatopées et les auditeurs, suivant l'expression consacrée, « changent les caleçons sales de leurs âmes ». En un mot, pour le grand maître de l'Université rouge, les déformations les plus pathologiques du futurisme, les pires hoquets dadaïstes, expriment l'essence de la poésie prolétarienne.

Le plus intraitable des bourgeois souscrira volontiers à cette appréciation. Le sadisme verbal n'est pas qu'un symptôme de décadence artistique : il est aussi un signe irrécusable de décadence sociale : il fait de la poésie un domaine ésotérique, l'apanage d'une sélection d'esthètes invertis, une fumerie d'opium irrespirable pour les masses populaires. Le paradoxe veut ainsi que la bolchevisation du style interdise en fin de compte à la poésie de réaliser des aspirations bolcheviques. Pour mériter son titre de « prolétarienne », il faut qu'elle se résigne à chanter la révolution dans une langue intelligible pour les révolutionnaires.

III

EFFORTS DE SYNTHÈSE

L'école imaginiste prétend répondre à cette condition fondamentale, sans rien sacrifier des exigences artistiques. Elle prétend réaliser un juste équilibre entre les thèmes communistes et les exubérances d'un style ruisselant de couleur. Aux poètes de cette pléiade, la révolution ne cesse d'apparaître sous l'aspect d'un dynamisme presque cosmique, d'une secousse planétaire. Le moindre atelier, entrevu par les yeux de Vassili Kazine, devient une formidable « usine céleste » qui éclipse le flamboiement de la foudre. Qu'un ouvrier, la journée de travail finie, s'achemine fourbu vers le repos du soir, un chant rouge s'élève de son âme; il monte toujours plus haut avec les briques des bâtisses en construction, les briques aussi rouges que le chant, il monte plus haut, toujours plus haut « jusqu'au toit bleuissant du ciel ».

L'inspiration semble ici orthodoxe à souhait; les intentions s'accusent aussi prolétariennes que possible ! Suivant André Bely, le chant rouge des briques rouges serait même le modèle de la poésie ouvrière. Mais André Bely n'est qu'un bourgeois au cerveau oblitéré par des préjugés caducs, et ses extases ne peuvent que compromettre un poète révolutionnaire. Pour les critiques soviétiques, le vers de Kazine est trop « endimanché », trop « affecté », trop « correct » ; le poète n'a pas réussi à descendre de son Olympe artificielle pour se mêler à l'« épaisseur des masses » bolchevisées : son chant rouge, écrit Ossinsky, est élaboré d'après les recettes les plus usées de la routine littéraire ; ce n'est qu'un « caramel » doucereux et fade, et l'ouvrier de Kazine — le titan qui escalade le ciel et dompte les éclairs — un produit patenté de « confiserie intellectuelle », un révolutionnaire découpé dans du pain d'épice.

La gratitude, certes, n'est pas une vertu communiste. Porté aux nues après sa mort même par des adversaires, Essenine, le paragon de l'imaginisme, eut à compter, pendant sa vie, avec une levée non moins véhémente de boucliers. Et pourtant, ce blanc-bec gorgé de suffisance et de vodka, ce troubadour des lupanars moscovites, a commencé par s'adonner corps et âme à la révolution. Il a professé un bolchevisme « intégral » ; il en a tiré des applications immédiates sur le plan moral, sur le plan artistique, même sur le plan vestimentaire. N'a-t-il pas « marxisé » le smoking bourgeois par l'adjonction de souliers en veau jaune et l'épanouissement d'une lavallière sanglante sur un plastron de couleur? N'a-t-il pas écrit comme il a bu et comme il a vécu : une coulée d'encre épaisse, bourbeuse et chaotique, une sombre frénésie révolutionnaire, où, de place en place, éclatent les fusées d'une imagination enflammée d'alcool?

De tous les poètes « prolétariens », Essenine seul

a trouvé au communisme une étoffe et des antécédents épiques ; son enthousiasme primesautier l'a poussé à doter la révolution d'une Iliade en règle, un poème à la gloire de Pougatchof, « ce prédécesseur de Marx et de Lénine ». L'aventurier cosaque qui se fait passer pour Empereur, le bandit semi-mongol à la tête de ses hordes barbares, s'érige dans cette œuvre inégale en émule bolchevik d'Hector, d'Enée et de Roland. Essenine, à travers les vapeurs de son éternelle ivresse, a eu l'intuition très nette des origines asiatiques de la fermentation russe :

O Asie, Asie, pays d'azur,
Saupoudrée de sel, de sable et de ciment...
Comme la lune là-bas se promène lentement à travers le [ciel !
Mais en revanche, avec quelle fierté, avec quelle ardeur,
Les fleuves à crinière jaune s'y précipitent de montagne en [montagne !
N'est-ce pas ainsi que s'échevellent les bandes mongoles?...
...Depuis longtemps, depuis longtemps, j'avais le désir
De me joindre à leurs tribus nomades
Et de surgir, à la tête d'une ruée d'hommes aux pommettes [étincelantes,
Tel l'ombre de Tamerlan, à la lisière de la Russie...

Voici le décor nocturne de la steppe où l'Orient communiste fermente à la suite d'un fantôme impérial :

La lune bat de ses ailes jaunes,
Elle déchiquète les buissons comme un épervier...

Et Pougatchof pérore :

Savez-vous qu'une nouvelle formidable vogue à travers la [plèbe
Comme une barque à la crête des libres vagues?
Nos moujiks aiment s'accroupir à la manière des bêtes
Et sucer cette nouvelle, comme un gros pis de vache...
...La nouvelle qu'on ne sait quel chef cruel
Conduit l'ombre morte d'un tzar
A l'assaut de l'immensité russe...
On entend déjà l'Angélus des émeutes.
Les menaces paysannes montent au ciel...
C'est la Russie qui bouillonne...

Tout, dans ce poème, depuis le fond jusqu'à la forme, paraissait devoir flatter un régime qui avait élevé des statues aux pires aventuriers du XVIIe et du XVIIIe siècles, à Razine comme à Pougatchof : la béatification des jacqueries, la rudesse du style, la barbarie des images, la trépidation du rythme. Le Verlaine du bolchevisme croyait avoir atteint d'un bond au rang d'un Homère prolétarien. Il s'enorgueillissait d'avoir passé quelques mois parmi les pillards caucasiens, d'avoir même pratiqué, par conscience professionnelle, les mœurs qu'il allait décrire. Mais il comptait sans ce poison d'incoercible défiance qui intoxique la révolution russe comme d'ailleurs toutes les révolutions et qui la porte à chercher la dynamite des attentats jusque dans les encensoirs que l'on balance devant les icones communistes. « Le camarade Essenine, écrit l'impitoyable Ossinsky, a confondu le pathos de l'émeute avec l'esprit révolutionnaire. » Trotzky est encore plus sévère : « La poésie d'Essenine se dissout dans la révolution au lieu de fusionner avec elle : c'est le sort réservé à tous les écrivains qui, sans être de vrais révolutionnaires, ont emboité le pas à la révolution pour en devenir les derviches-tourneurs ». « Tous ces écrivains, continue Trotzky, s'accommodent de la révolution, non pas, hélas ! parce qu'elle est une cause efficiente de progrès, mais parce qu'à certains égards elle signifie une retraite, un recul. Le moujik, on ne le sait que trop, a tenté d'ouvrir ses bras aux bolcheviks et de repousser le communisme. Il a voulu piller l'histoire, dépecer la ville, et puis, nanti, engraissé, tourner son arrière-train adipeux à l'État. Or, c'est à la ville qu'appartient la direction du pays. Si nous éliminons la ville, que restera-t-il de la révolution, sinon une gestation sanglante, tumultueuse et rétrograde? Et la révolution n'a jamais été autre chose pour Essenine.... »

Ces critiques ont le mérite d'étaler au grand jour la tare originelle que les communistes purs découvrent à la racine de la poésie imaginiste : une conception trop étriquée de la révolution russe, une conception paysanne à la place d'une conception prolétarienne. Une pareille poésie fait table rase de la main-d'œuvre industrielle ; elle sacrifie l'usine, berceau de la dictature communiste, à la campagne, source des émeutes spasmodiques et violentes ; au lieu de glorifier l'ascension du prolétariat vers l'organisation scientifique de la société future, elle s'obstine à chanter la révolution villageoise, la plus informe, la plus sauvage et, pour tout dire, la plus réactionnaire des révolutions. Elle n'est pas une poésie de classe.

Une dernière école, à la suite de tous ces avatars, une pléiade au nom prometteur et symbolique, la *Kouznitza* — la forge — a tenté non seulement de réaliser une synthèse, enfin complète, de l'inspiration et du style ouvriers, mais d'en établir aussi la formule, comme une recette d'acier de trempe impeccable. Une poésie vraiment prolétarienne, jaillie des plumes tenues par des mains calleuses, ne doit-elle pas avoir l'éclat, la cohésion, la solidité de l'acier modelé par les marteaux soviétiques?

En bons révolutionnaires, les théoriciens de la *Kouznitza* commencent par déblayer le terrain de toutes les épaves du passé. Une opération draconienne. Les bourgeois, les semi-bourgeois, les simples suspects sont entassés dans la charrette, moribonds aux trois quarts déjà pourris, cadavres vivants qu'il est inutile de fusiller, qu'il suffit de jeter à la morgue. La littérature d'hier, proclament Philiptchenko, président de la *Kouznitza,* et ses principaux satellites — Kirilof, Liochko, Sanniko, Aikouni, Bezymensky, — la littérature d'hier est tout aussi impuissante à se rapprocher de la classe ouvrière qu'un mort n'est capable de serrer la main d'un vivant. Le futurisme : « hypertrophie de l'individualisme intellectuel » sous les fioritures d'une verbosité éperdue. L'imaginisme : suprême convulsion de petits bourgeois qui, avant de disparaître, s'hallucinent à poursuivre des métaphores délirantes. De simple moyen, la technique est devenue le but de toute la production littéraire. On s'épuise à souffler d'immenses poèmes, à lancer des cascades de strophes, seulement pour faire valoir des rimes inédites, pour faire sonner le grelot de nouvelles allitérations. On disloque les ïambes et les trophées ; on sectionne les vers en demi-vers, les demi-vers en quarts de vers, on fractionne les mots en syllabes, on divise les syllabes en lettres, on applique le calcul infinitésimal à la prosodie, on pourchasse des impondérables. Et, sous l'acrobatie de toutes ces formes creuses, la *Kouznitza* dénonce une « physiologie exacerbée », une démence pornographique, une danse de Saint-Guy exécutée par des gorilles en chaleur. Les poètes sont déchus au rang d'anthropoïdes : « L'heure est venue, s'écrie la *Kouznitza*, de galvaniser un art momifié et de déployer le drapeau rouge dans le désert de la littérature. »

La maison ainsi nettoyée, les forgerons de la poésie nouvelle énoncent leur programme avec la hauteur dogmatique qui préside à toutes les encycliques bolchevistes. « L'art prolétarien doit s'épanouir en fonction de l'idéologie prolétarienne.... L'art prolétarien est un prisme où convergent les rayons d'une classe.... Et de là notre tâche : sculpter les types de l'humanité révolutionnaire, mouler dans des formes esthétiques les conceptions du matérialisme marxiste. Le style, c'est la classe. »

Cet aphorisme, paraphrasé de Buffon, trace la ligne de démarcation entre la poésie prolétarienne et la poésie bourgeoise. Identifier le style avec l'homme est une hérésie sous le régime communiste. Une république qui a nationalisé les moyens de production ne saurait tolérer des influences personnelles dans sa littérature : elle ne peut s'arrêter à mi-chemin dans son œuvre de socialisation ; il faut qu'elle imprime au style un caractère de classe pour l'adapter aux idées et aux sentiments de classe ; ce n'est qu'à ce prix que sera sauvegardée l'unité du fond et de la forme révolutionnaires. Mais, si la définition « capitaliste » de Buffon a le privilège d'inspirer d'excellents commentaires aux élèves de seconde, la « définition communiste » est loin d'être aussi explicite. La *Kouznitza* elle-même, lorsqu'elle cherche à tirer la moelle de sa formule, s'égare dans une pédantesque déclamation de poncifs communistes.

« L'art prolétarien est un art qui englobe les trois dimensions des matériaux offerts à sa puissance créatrice : il donne à ces matériaux une forme synthétique, appropriée aux tendances de classe ; il traduit les aspirations du prolétariat vers ses buts définitifs. Par essence, cet art est un art monumental : une classe animée d'un esprit d'universelle solidarité dans le travail, la victoire et la défaite, cette classe ne peut créer l'art qu'à son image. Sa langue aux riches sonorités, aux riches couleurs, aux riches images, dégage la vie, avec la même facilité, des sombres gisements bio-zoologiques que des couches supérieures où règnent des conceptions majestueuses et les idées complexes. »

Telle est la théorie : en voici les applications.

La *Kouznitza* s'honore d'avoir donné au moins deux poètes acceptés par la majorité des critiques communistes comme de vrais, de grands et d'authentiques poètes prolétariens : Philiptchenko et Bezymensky. « La poésie ouvrière existe de même qu'il existe une classe ouvrière, de même qu'il existe un Etat ouvrier », s'écrie le camarade Iarovoy dans un article dithyrambique de la *Pravda* : si la preuve en faisait encore défaut, Philiptchenko nous l'a fournie par son recueil l'*Epoque de Gloire* ; le scepticisme n'est plus de saison. »

Comment douter, en effet, de l'orthodoxie d'un

homme qui se recommande ainsi à ses lecteurs :

Je ne suis pas que Philiptchenko : je suis le prolétariat,
Je suis le tocsin audacieux d'une sainte démence...
Je suis votre chantre et je suis forgeron...

et qui, après s'être présenté de la sorte, réduit l'espèce humaine au prolétariat seul :

Qui n'est pas forgeron n'est pas un homme...,

Ce manque d'humilité, ce coup de « tocsin audacieux » font trépigner d'enthousiasme le camarade Iarovoy : « Le surhomme de Nietzsche est une abstraction bourgeoise ; le surhomme de Philiptchenko est une réalité vivante, celui que l'univers entier appellera demain son seigneur et maître. » Qu'importe alors que le forgeron soit :

Affamé, dévêtu, déchaussé...
La sueur, comme du mazout, huile brutalement
Les jours de notre vie noire.
Mais nous nous en f...

Pour justifier son optimisme, le poète fait valoir que le prolétariat a « des millions de bras, des milliards de doigts ». L'avenir lui appartient, car il est la masse cimentée par une espérance commune. Une collectivité supérieure aux dieux, aux rois, aux cyclopes, aux titans.

Nous sommes la tête vivante et claire
De toutes les humanités, de tous les millenaires...
Nous sommes les pensées d'un seul front bombé,
Nous sommes les lettres de l'alphabet mondial...

A la suite d'une pareille extase, il ne reste plus qu'à déifier la « classe » : ce dernier pas, Philiptchenko le franchit dans la note usuelle du « matérialisme évolutionniste, dialectique et historique », en félicitant la terre d'hospitaliser le prolétariat sur son écorce et de graviter, autour du soleil, jaloux lui-même de cette bonne fortune, dans la « danse sacrée du travail ». Comme elle doit être fière, cette motte de boue, comme elle doit clamer son bonheur à la face des étoiles ! Elle est le « monde des mondes » pétri d'un bout à l'autre par les mains humaines.

Les briques frissonnent : ce sont les paumes des ouvriers...
Les pavés des rues : ce sont les poings des ouvriers...
Les colonnes et les cheminées : ce sont leurs mains...

Dans la préface qu'il a écrite pour présenter au public l'*Epoque de Gloire*, Brussof n'a pas marchandé ses éloges au « poète forgeron » ; mais, tout en rendant hommage à son originalité, à son tempérament, à ses intentions profondes, il n'a pu refouler un soupir discret, le regret de voir le Pindare sidérurgique abandonner les chemins lumineux de la poésie pure. Mal lui a pris. La *Pravda* a relevé brutalement cette nostalgie capitaliste : la belle affaire, ricane l'organe du Comité central, Philiptchenko se barricade contre la poésie pure ! Il se bouche les oreilles aux appels des harmonies vaporeuses ! Il résiste aux incantations des muses gantées de blanc ! Et la *Pravda* d'absoudre son poète dans une de ces phrases lapidaires qui éclaire les tréfonds les plus intimes d'une doctrine : « Le prolétariat n'a que faire de poésie pure. »

La poésie révolutionnaire, en effet, n'est pas un luxe, elle n'est pas une finalité sans fin ; elle doit s'interdire, à l'égal d'une trahison communiste, de verser dans le narcissisme bourgeois. Comme les leviers et les bielles dont elle chante le glissement, il faut qu'elle poursuive un but utilitaire et qu'elle puisse être goûtée du premier coltineur venu.

Le style s'abstiendra donc de la moindre élégance qui jurerait avec les ongles en deuil et les vestes empoissées. Il sera vulgaire, de parti pris. Le grand mérite de Philiptchenko, aux yeux du camarade Iarovoy, est d'ordre purement négatif : ce poète n'a pas trahi son hérédité ouvrière ; « il n'a pas lancé vers l'azur les clochetons ajourés des cathédrales aériennes ; son style évoque plutôt les blocs massifs des architectures primitives ». Aveu édifiant ! Le bolchevisme se sent mal à l'aise sous des voûtes qui se volatilisent dans l'éther ; il n'est chez lui que parmi les pierres à peine dégrossies; il entraîne fatalement la poésie dans les cavernes, comme la science, comme la morale. Car, à force de barrer les routes du ciel, ce n'est pas à la terre que l'on enchaîne les poètes : on les pousse sous le sol, on les force à ramper dans les ténèbres, dans le « mazout », dans la « vie noire ». Kirilof, pourtant un émule de Philiptchenko et de Bezymensky, a fini par secouer d'une main désespérée les barreaux de cette prison communiste : « Nos critiques ont tort d'imposer aux poètes prolétariens un style accessible aux grandes masses ouvrières et de juger les œuvres d'art d'après leur popularité fugitive. Ils ont tort de nous reprocher le plus léger raffinement, le moindre emballement pour le côté formel de l'art. De pareils réquisitoires démontrent une complète incompréhension de toute esthétique » (Revue de la *Kouznitza*, n° 4).

Par la voix de Kirilof, c'est la poésie même, qui, du fond des cavernes communistes, laisse entendre sa nostalgie du ciel. Si, sous la plume de Philiptchenko, elle conserve encore, de temps en temps, un âpre accent de lyrisme original, si elle parvient encore à trouver quelque envolée héroïque aux fumées des aciéries et quelque panache à la révolution, chez d'autres — chez Bezymensky et chez Demian Bedny — l'éclipse est totale ; la poésie est réduite, sans espoir de délivrance, au végétement de troglodyte. Elle n'est plus qu'un démarquage des articles de la *Pravda* et des prospectus de la IIIe Internationale, de la prose communiste rédigée sous forme de « lignes inégales ».

Et c'est pourquoi, beaucoup plus encore que Philiptchenko, Bezymensky et Demian Bedny figurent au premier rang des rimeurs prolétariens. « Bezymensky, écrivent les *Izvestia* (24 février 1925), est notre poète dans la pleine acception de ces termes. Il n'est pas qu'un poète-citoyen, il est un poète de classe. Il est noyé jusqu'au cou dans la politique.... » Et le journal félicite chaudement le poète d'avoir renié son père dans une pièce devenue célèbre, le *Portrait*. La seule famille que reconnaisse Bezymensky est le parti communiste. Il n'a qu'une ambition :

> Rester le digne fils
> De ma maman, R. K. P. (1)

(1) Initiales de *Rousskaia Komounistitcheskaia Partia* (Parti communiste russe).

Il n'a qu'une religion : le culte de Lénine. Après la mort du Maître, il a publié, disent les *Izvestia*, ce « poème inoubliable » que l'on ne cessera jamais de réciter dans les réunions ouvrières : *La carte d'adhérent au parti communiste nº 224.332*, la carte de Lénine.

Dis moi, parti, que cherches-tu?
Une voix douloureuse me répondit :
— Une carte d'adhérent...
Mais une vague prolétarienne,
Sous les auspices de l'Internationale,
Comblera bientôt le trou béant...
Au bout de quelques mois, cent mille cartes
Remplaceront de Lénine la carte perdue...

Philiptchenko déifiait le prolétariat — conception élastique, puisqu'il est des prolétaires qui ne sont pas encore bolcheviks ; — Bezymensky, plus fidèle à l'esprit de la IIIe Internationale, réserve la canonisation au parti communiste seul.

Le Cosmos est dans ces termes :
Le Congrès du parti.

Ce principe posé, toutes les manifestations du parti communiste, même les plus odieuses, même les plus sanguinaires, s'auréolent de halos stellaires.

La *Tché-ka* pour moi est un phare...
Je suis le premier à crier : hachons les ennemis.
Toutes les balles de la *Tché-ka* sont à moi...
J'ai pris part à l'exécution de toutes ses victimes.

La *Tché-ka* est une sainte ; ses tortionnaires et

ses pourvoyeurs sont des héros. « A cette progéniture d'acier, à ces enfants d'Octobre, Bezymensky a consacré tout un volume :

Il faut aller
Bâtonner les paysans riches...
Je ne marche pas, je vole...
A tous les passants je crie...

Ici un juron immonde, comme seule la langue russe en possède, où l'honneur des mères est traîné dans la fange. Bezymensky trouve, d'ailleurs, un piment révolutionnaire spécial à ces éructations de moujik ivre. Les ouvrières qu'il évoque « crachent à la face de leurs enfants » des injures où elles se traitent elles-mêmes de prostituées. Et les critiques officiels d'exulter : Bezymensky est le « digne fils » de sa « maman », le parti communiste.

Que l'on imagine une bave encore plus épaisse et plus fétide : on aura le style de Demian Bedny, le prince des poètes prolétariens, décoré de l'étoile du Drapeau Rouge et porté à l'ordre de l'armée comme « cavalier du verbe ». Tous les jours, ou presque, les vers de Demian Bedny s'étalent à la place d'honneur dans les quotidiens moscovites : chroniques rimées, contes, épigrammes, satires, un fatras réfractaire en général à la traduction, trop chargé d'abréviatifs dont abonde le jargon des Soviets, infesté de quolibets égrillards et de coq-à-l'âne scatologiques.

C'est dans la lie des casernes et des ateliers, dans le grouillement des faubourgs industriels, dans l'atmosphère incandescente des parlotes communistes que Demian Bedny puise ses sujets et son vocabulaire. Il a pour clientèle la fleur même du bolchevisme, les profiteurs et les condottieri de la dictature révolutionnaire. Les bas-fonds rouges avaient besoin d'un poète qui parlât leur langue, qui paraphrasât, sous des formes allégoriques, pour être fredonnées entre deux meetings, les harangues d'un Rykof ou d'un Staline. Histrion en chef de cette démagogie sordide, Demian Bedny en flatte avec maîtrise les appétits et les haines ; il lui jette en pâture le *koulak*, le *nepman*, le prêtre et Dieu ; il est l'auteur de la plus abominable parodie qui fût jamais perpétrée de l'Ecriture sainte, sous le titre de *Nouveau Testament par l'évangéliste Demian*, un poème à la gloire de Judah :

C'est lui, et non pas Pierre ou Paul,
Qui a rendu Jésus célèbre à travers le monde...
C'est lui, et non pas les anges,
Qui, dans un accès d'aliénation mentale,
A déplacé les pierres devant la tombe du Christ,
Et qui est devenu le véritable artisan de la résurrection.

Le succès de Demian Bedny permet de saisir l'essence de la poésie prolétarienne. Par la goguenardise grimaçante de la pensée, par la crudité populacière de la terminologie, cet auteur est mieux qu'un rejeton du parti communiste : il est le double spirituel de Lénine. Si Lénine avait écrit des vers, il aurait rimaillé à la façon de Demian Bedny. C'est donc à bon droit que le bolchevisme a comblé Demian Bedny de sa reconnaissance, de ses prébendes et de ses décorations : il a reconnu dans les vers de son poète la prose de son Messie, sans comprendre qu'il avouait ainsi l'inexistence d'une poésie prolétarienne.

IV

AVEUX D'IMPUISSANCE

Il convient de rendre cette justice à quelques grands communistes qu'ils ont fini non seulement par constater, mais aussi par expliquer l'absence d'une vraie poésie prolétarienne. Sans crainte de se compromettre, ils ont poussé leur analyse jusqu'au cœur des raisons initiales qui empêchent la classe victorieuse de trouver dans sa victoire matière à production artistique.

« La condition fondamentale de toute littérature, avoue humblement Trotzky, est un certain degré de civilisation. Avant de songer à une littérature socialiste, il faut donc commencer par lui fournir une base, c'est-à-dire le socialisme, ne fût-ce qu'à l'état de simple brouillon.... »

Mais ce brouillon manque : tel est le terrible aveu qui échappe à la plume de Trotzky. La dictature prolétarienne a devancé la maturité du prolétariat : la caste dirigeante n'a pas eu, comme la bourgeoisie, le privilège incomparable de faire son apprentissage intellectuel malgré la domination de la « classe ennemie », alors la noblesse, et même, à certains égards, en collaboration avec elle. « Le prolétariat, déclare

Trotzky, a été obligé de renverser la bourgeoisie avant d'avoir eu le temps de se mettre à l'école de la culture bourgeoise. » Aveu terrible, aveu formidable : pas un régime n'a encore osé se flageller en public avec un pareil acharnement.

Qu'il y ait « plus de science, de beauté, de culture dans le manifeste communiste que dans toutes les bibliothèques et dans tous les musées de l'univers » : Trotzky ne serait pas marxiste, si son acte de contrition ne comportait ces modalités. Mais il s'agit là d'effets monnayables, sous forme de poésie et d'art, à l'échéance lointaine où le prolétariat aura enfin des excédents d'énergie. Pendant de longues années, les dures exigences de la révolution absorberont toutes les disponibilités d'action : le prolétariat devra remuer ses champs en friche et rajuster son outillage usé ; il n'aura de sitôt ni le goût, ni le loisir de cultiver des roses aux alentours de ses chantiers.

Ces roses, d'ailleurs, dans quel coffret miraculeux pourra-t-il en découvrir les semences? La révolution prolétarienne a ravagé de fond en comble la Russie nobiliaire et bourgeoise ; elle a mis à sac les symboliques jardins de cerisiers, chantés par Tchékhof ; elle a extirpé jusqu'aux arbres séculaires ; elle a dispersé les fleurs et les fruits à tous les vents de la guerre civile. Trotzky lui-même, malgré son olympisme, ne se défend pas d'un frisson d'angoisse au spectacle de cette table rase. Les classes possédantes abattues, que reste-t-il en Russie, se demande aujourd'hui le surhomme rouge? « La civilisation moujik, ou plutôt l'absence de toute culture.... La révolution russe, c'est le moujik camouflé en prolétaire. Notre art, c'est l'intellectuel qui vacille entre le prolétaire et le moujik, un être incapable par définition de fusionner ni avec l'un, ni avec l'autre. Ainsi se creuse entre la révolution et l'art un précipice toujours béant.... Nous avons, certes, des prolétaires de talent, mais nous n'avons pas de littérature prolétarienne ».

L'un de ces prolétaires de talent, Boris Pilniak, a marqué au fer rouge la même tare, avec la même franchise et le même courage. « Notre État, écrit-il dans un volume, *Que pensent les écrivains de leur art?*, a installé des incubateurs de littérature communiste, mais les écrivains couvés de la sorte cessent d'être des politiciens, sans réussir à devenir des artistes.... Nous avons moins de poètes que de ces crèches littéraires.... Les communistes aspirent à créer de toutes pièces une littérature, comme s'il était possible de produire cet exquis superflu de la vie par un artifice mécanique ; ils l'obtiendront un jour ou l'autre à une date inconnue, lorsque l'existence entière sera communiste : d'ici là, la littérature prolétarienne se réduira aux tracts de propagande.... »

Nous voici bien loin des proclamations claironnantes où la *Vapp* affirmait l'hégémonie artistique du prolétariat et vouait les hérétiques à l'autodafé. Après Trotzky, après Pilniak, Ossinsky a fait un pas de plus : non sans héroïsme, la plume sifflante comme une matraque, il se jeta à l'assaut des prétentions boursouflées et des vanités stériles. « Le prolétariat n'a pas encore donné naissance à des valeurs spirituelles qui lui permettent d'exercer une dictature littéraire », s'écrie ce bolchevik à toute épreuve, dans un article que la *Pravda*, tremblante à l'idée d'en assumer la responsabilité, n'a cru pouvoir insérer qu'« à titre documentaire ». « Déclarer le contraire est un mensonge, qui chloroforme le sens critique du prolétariat et lui insuffle une fausse idée de son importance, un mensonge particulièrement dangereux à une période où les ouvriers et les paysans ne doivent avoir qu'un seul souci : apprendre, apprendre, apprendre. Et quant au choix de professeurs, Lénine, avec sa brusquerie ordinaire, a déjà tranché ce problème d'une manière définitive : « Nos vrais maîtres sont les bourgeois.... »

Après avoir assené ce coup de massue, Ossinsky s'attaque à la folie d'appliquer, sans aucun discernement, par exagération morbide du fanatisme révolutionnaire, les méthodes de lutte prolétarienne à la littérature. « On peut travailler à s'assimiler une culture ; il est interdit de l'accaparer : une offensive de cet ordre risquerait de réduire la civilisation en miettes et de fracasser les crânes des assaillants, quelle qu'en soit la dureté.... Rien n'empêche évidemment le prolérariat de s'emparer des chaires et des laboratoires, mais, à moins d'exproprier en même temps la substance grise des professeurs, il se trouvera dans la situation du moujik qui aura nationalisé un piano.... Que fera un moujik tant soit peu raisonnable? Il invitera un représentant de l'ancienne culture à donner des leçons de musique à sa fille.... Cet exemple s'impose à tout le prolétariat.... »

Il s'impose d'autant plus que le prolétariat russe, comme la fille du moujik, doit se borner pour le moment aux exercices et aux gammes. L'exécution artistique lui demeure interdite, non seulement par son inexpérience technique, mais aussi par la navrante pauvreté de son inspiration. Pour trouver une muse prolétarienne, il ne suffit pas de chasser, suivant l'expression du poète Polétaef, la « muse vénale et poudrerisée » des « capitalistes ». La place qu'elle a quittée demeure toujours inoccupée. Le prolétariat n'a pas encore rencontré, sur les chemins rocailleux de sa dictature, le guide divin capable d'orchestrer son ascension vers la lumière. La révolution russe n'a pas créé d'hymne original à l'instar de la révolution française. Elle n'a pas trouvé un Rouget de l'Isle communiste. Elle n'est pas sortie des platitudes déclamatoires qui, avant de recevoir à Moscou une consécration officielle, ont traîné dans tous les faubourgs des capitales européennes. Elle a importé l'*Internationale* en bloc avec le marxisme. Décalque brutal d'une théorie étrangère, elle a dû entasser, pêle-mêle, dans les « fourgons de l'étranger », depuis ses leaders jusqu'à son orphéon. Elle n'a été qu'un immense plagiat.

Plus angoissante que jamais, la question de Trotzky se pose donc de nouveau : « Qu'est-ce qui reste en Russie? » Les futuristes ont proclamé « l'alliance de l'U. R. S. S. avec le soleil » ; Maiakovsky s'est même flatté de rapetisser le soleil en « monocle communiste » ; les imaginistes ont affiché des biceps suffisants pour « faire cabrer les deux hémisphères ». Bien avant le bolchevisme, Nékrassof résumait déjà, dans un vers célèbre, la fermentation stérile de l'avenir : « Le jeune troupeau des progressistes se borne à ruer.... » Coups de pied pro- au bon sens, trépidations insolentes de la phrase révolutionnaire : cette fastidieuse agitation peut masquer, un instant, l'incurable sécheresse de la poésie bolchevique, mais elle est éphémère comme toutes les violences ; il est impossible de piaffer et de ruer à l'infini. Même les laves révolutionnaires se stabilisent sur les pentes des cratères rouges ; il n'en est pas jusqu'au prolétariat qui ne doive rentrer dans son lit...

Le voici, une fois de plus, refoulé dans ses ateliers, dans ses casernes, dans ses sous-sol. Quels seront les thèmes de sa poétique? Quelles seront les sources de son inspiration?

« La vie journalière est stagnante et triste », écrit Trotzky. « L'ouvrier, dit Lounatcharsky, dans les *Izvestia*, ne peut aimer le genre d'existence auquel il est condamné.... Le régime capitaliste a réservé un sort épouvantable au prolétariat. Tandis que, dans les mœurs de toutes les classes sociales, qu'il s'agit de paysans, de marchands, de bourgeois ou de propriétaires fonciers, il y avait de la beauté, de la joie, des traditions chères à chacune de ces classes, l'existence prolétarienne n'offrait pas une trace de beauté... La révolution a laissé inchangée cette existence mesquine, misérable et terne. La vie prolétarienne n'est qu'une souffrance continue » (*Izvestia*, n° 79, article consacré à la mémoire d'Ostrovsky.)

Cette profession de foi nous fait comprendre l'esthétique de Lounatcharsky : l'oubli des réalités prolétariennes au prix des pires stupéfiants, n'importe quel toxique, pourvu qu'il fasse perdre le goût du pain noir que mâche la « classe dirigeante ». Réduite à une diète communiste sans éclaircie, l'ouvrier russe, le Messie du socialisme, n'aspire qu'au bonheur d'un tube digestif. Même les plus ardents des poètes bolcheviks préfèrent décrire les moyens de production plutôt que le producteur, les forges plutôt que les forgerons. Dès qu'ils s'aventurent à chanter le porteur de l'Evangile marxiste, leur enthousiasme tombe à plat ; les vers trébuchent dans l'ordure. Comme en témoignent Bezymensky et Demian Bedny, comme en pourraient encore témoigner Kovynef, Saïanof et Kouznetzof, il faut entendre par poésie prolétarienne une poésie à l'usage exclusif de la plèbe.

C'est la seule que puisse goûter la classe élue. « Un ouvrier ou un moujik de Saratof, se lamente Poletaef, se moquent de nos vers ; ils demandent de la percale et des bottes. » Courbé l'un sur la glèbe et l'autre sur l'enclume, ces forçats socialistes n'ont ni le temps ni le désir de scander des longues et des brèves. Leurs besoins littéraires dépassent à peine ceux des protoplasmes. Et si, par hasard, ils se font jour, le misérable niveau des salaires ne manque pas de les paralyser. La *Pravda* a calculé que l'ouvrier le mieux payé et le plus intellectuel, le typographe, peut consacrer au maximum, s'il est économe et sobre, 77 copecks par mois à l'éducation de ses enfants, à l'achat de livres et de journaux ! Cette somme est insuffisante même à couvrir le prix de l'abonnement mensuel à la *Pravda* ! Jamais le livre n'a été plus délaissé en Russie que sous un régime qui ne cesse d'avoir le mot « culture » à la bouche, qui a transformé l'Etat en Mécène, en éditeur et en libraire. Nuit et jour, les rotatives soviétiques déversent des monceaux de papier imprimé ; la prose, la poésie s'entassent par tonnes dans les arrière-boutiques du *Proletkult* et du *Gosizdat*, mais elles n'en sortent que pour être bazardées au poids et pour mourir sans gloire sous le martèlement du pilon. D'après les *Izvestia*, les volumes invendus — et invendables — qui pèsent sur le budget de l'État, atteignaient pour les premiers six mois de 1926 la valeur de 35 millions de roubles. Au dernier Congrès de la *Vapp* (mai 1928), son président le camarade Khalatof a divulgué des statistiques non moins édifiantes : « Les tirages écoulables balancent entre 10 000 et 30 000 exemplaires ; est-ce que cela compte pour une population de 140 millions d'habitants et quelque 200 000 bibliothèques publiques? »

Aussi, pour « attirer les masses vers la parole imprimée », et surtout pour essayer de liquider les excédents d'une formidable surproduction, les maisons d'édition — lisez l'État — organisent-elles depuis quelque temps une sorte de kermesse périodique sous le nom assez inattendu de « Boulevard du Livre ».

Une débauche de rubans et de drapeaux rouges, une assourdissante cacophonie de cuivres et d'accordéons, des artistes payés à l'heure pour déclamer les vers des poètes inconnus, tous les trucs, tous les attrape-nigauds d'un bazar de banlieue. Une édition spéciale du *Kapital* à l'usage des femmes s'adorne d'un portrait encore inédit de Karl Marx : pour multiplier les lectrices, la barbe broussailleuse du prophète socialiste a fait place à des moustaches en croc d'officier de cavalerie. Mais voici une surprise plus effarante : un énorme singe en métal violemment colorié ; on introduit 10 copecks dans le nombril perforé de la bête, qui, en reconnaissance pour l'offrande, ouvre toute grande une gueule écarlate et présente, sur une langue en tôle, un manuel de gynécologie ou le *Nouveau Testament* de Demian Bedny.... Au-dessus de l'anthropoïde se balance une fière inscription : « Le Boulevard du Livre est une armée en marche, chaque livre est un projectile lancé contre la sombre citadelle de l'ignorance .... » Mais, parmi ces projectiles, soupire la *Pravda*, combien d'obus rouillés, de shrapnells inopérants ! Devant le vénérable volume de Gaston Boissier, *Cicéron et ses Amis*, traduit on ne sait trop pourquoi, les prolétaires se grattent l'occiput : ce Cicéron a-t-il été un révolutionnaire, un socialiste majoritaire ou bien un général blanc? La même incertitude, la même pluie de sueur, devant les piles croulantes du *Panthéon littéraire*, un projet avorté de Maxime Gorky, les chefs-d'œuvre de la « poésie mondiale » réimprimés pour l'édification des ouvriers et des paysans pauvres. Mais surtout, dans l'écrasante majorité des cas, la même indifférence. La foule passe, morne et flasque, à côté des génies qui sont mis à l'encan. Les trésors restent sans preneur. La foule cherche de la percale et des bottes....

La poésie — dolente Cendrillon du prolétariat ! À moins de sombrer dans la gravelure officielle ou dans les excentricités du cubisme, que sera la destinée de ses derniers chevaliers servants?

Tchelaef, Kouznetzof, Michel Golodny, Sobol, Essenine — pour ne citer que les plus célèbres — ont déjà répondu à cette question ; certains y ont même répondu au prix de leur vie et de leur talent : l'alcool ou le suicide, parfois le suicide après l'alcool. L'existence incolore et mesquine, dont parle Lounatcharsky, dégage un marasme incurable. « Tous les visages se ressemblent, pleure Aséef, ils se ressemblent comme des cadavres.... » Pour oublier, pour s'oublier, les poètes se précipitent dans les bras de la Fée Verte. Elle est leur dernière muse. « Au pays des Soviets, écrit Michel Golodny, c'est au cabaret que végètent les poètes et les ouvriers ». Essenine est allé plus loin ; appelé à la barre du tribunal révolutionnaire pour se justifier de ses scandales et de son antisémitisme, il a entonné un hymne à la gloire de l'ivresse et de l'apache, il a détaillé avec complaisance ses turlupinades et ses débauches, pour finir, dans un sanglot déchirant : « Je cherche ma conscience au fond des verres que je vide ».

Les cas d'Essenine et de Sobol entre-baîllent des portes sur des profondeurs insoupçonnées. Leur vie et leur mort résument l'histoire des belles-lettres sous les auspices du marteau et de la faucille. A travers une double écume de vodka et de sang, elles permettent de toucher le fond de l'expérience moscovite. Essenine — nous l'avons vu — a pratiqué le bolchevisme en pochard ; mais du bolchevisme comme de l'alcool, après dix ans de licence effrénée, il n'a tiré qu'un mortel écœurement, qu'une irrémédiable nausée :

Oh ! La tristesse d'avouer
Que j'ai trop peu demandé à ma jeunesse,
Que je me suis enlisé dans les fumées des gargotes...

Dans le bolchevisme comme dans l'alcool, toujours la même lie poisseuse et répugnante, la même amertume inassimilable, et, dans le corps engorgé de poison, la conscience enfin retrouvée qui se meurt de soif et qui clame sa nostalgie. Les derniers vers d'Essenine sont un terrible réquisitoire :

Je ne suis plus qu'un inconnu,
Je ne comprends pas la langue de mes compatriotes...
Ils n'ont plus besoin de ma poésie,
Et qui sait, je suis peut-être inutile moi-même.

Suprême intuition avant de mourir : Essenine aperçoit soudain une désolation encore inédite de ruines, l'horreur d'une catastrophe apocalyptique :

Une troïka hallucinante a galopé à travers le pays ;
Elle l'a rempli de poussière et du bruit de ses sabots ;
Elle a disparu dans un sifflement d'enfer.
Mon âme ! Nous avons parcouru un chemin fatal...
Que s'est-il passé? Que reste-t-il de notre pauvre pays ?

Et le cynique qui, au cours d'une tournée de conférences à New-York et à Berlin, traitait la Russie de « prostituée », s'abat sur les genoux et se laboure la poitrine :

Russie, ma chère, pardonne-moi...

Avant d'accrocher sa loque mortelle au clou de sa chambrette, Essenine se troua les artères, trempa la plume dans sa chair ouverte pour griffonner en rouge quelques lignes illisibles. Cette macabre tragédie n'a fait que symboliser la dernière manière du poète dégrisé : depuis plusieurs mois déjà, il avait remplacé l'encre par le sang ; ses vers n'étaient qu'un râle d'agonie. Lorsqu'un « poète prolétarien » tend ses bras vers le fantôme d'une patrie assassinée, il ne lui reste plus qu'à mourir; il ne peut plus vivre dans une Russie qui s'appelle l'U. R. S. S. Il faut qu'il disparaisse pour enrichir la fosse commune où le bolchevisme, à grandes pelletées, ne cesse de jeter le cerveau de la nation.

Envisagée sous l'angle communiste pur, sous l'« angle de classe », la fin de Sobol est encore plus dramatique. Ce styliste délicat, poète à ses heures, s'est adonné corps et âme à la révolution ; il l'a servie avec la tendresse d'un fils, la fidélité d'un page, le respect et le courage d'un paladin ; aveugle aux défauts d'une mère ou d'une reine, il a tout accepté du communisme ; à l'exemple de Bezymensky, il a glorifié les turpitudes de la *Tché-ka*. Mais, peu à peu, au lieu d'une marche triomphale, c'est la rude montée du calvaire communiste ; la révolution n'est plus un drapeau écarlate qui rutile au soleil, mais une croix que l'on traîne sur des épaules ensanglantées. Déjà, en 1924, Sobol succombe sous le fardeau ; il avale de l'arsenic, mais le communisme le sauve malgré lui ; il le rend à la vie et au supplice. Dix-huit mois d'incoercible dégoût, dans une extinction fatale des croyances, des espoirs, des illusions, et puis, plus effective que la potion d'arsenic, une balle bienfaisante en plein cœur, enfin la mort et la délivrance. « J'en ai assez, lisons-nous dans le journal intime de Sobol, dont la *Krasnaia Gazeta* a publié les extraits ; je ne puis vivre davantage... J'ai envie de dormir, de dormir éternellement. J'ai arraché de ma poitrine par lambeaux cette révolution qui avait toute ma foi... C'est peut-être contraire aux principes du marxisme, mais je crois qu'il convient de faire son entrée dans l'autre monde, vêtu de linge propre.... Les écrivains remuent tant de linge sale qu'il me faut, ne fût-ce qu'une seule fois, me laver de toute cette crasse. »

Devant les tombes toutes fraîches encore de ces victimes du bolchevisme, les paillasses révolutionnaires n'en continuent pas moins leurs blasphèmes et leurs entrechats.

Montez, montez vers les étoiles...
Vous n'y trouverez
Ni avances sur votre copie, ni bistros...
Certes, si vous aviez de l'encre à portée de la main,
Vous n'auriez eu nul besoin
De vous couper les veines.
Pourquoi, alors, augmenter le nombre de suicides?
Il eût mieux valu intensifier la fabrication de l'encre.

Telle est la couronne déposée par Maiakovsky sur le cercueil d'Essenine. Dans le poème qu'il a consacré à l'épidémie de suicides qui sévit parmi les jeunes communistes, Bezymensky laisse éclater le même optimisme. C'est par un coup de clairon que se termine son oraison funèbre : « Le parti survit à ses morts ; cela me suffit.... »

Il survit sans doute, mais dans la désolation d'un cimetière, fossoyeur qui jongle avec les crânes des poètes et enfonce toujours plus loin, sous terre, les dernières fleurs automnales de la poésie russe.

TROISIÈME PARTIE

LA MORALE ROUGE

I

LA MORALE DE CLASSE

Le souci d'établir une morale prolétarienne, d'en fixer les bases et les lois, a toujours préoccupé au plus haut degré les grands leaders du bolchevisme. Pour des raisons théoriques d'abord: car, dogme universel, contenant une religion, une science, une politique, une esthétique de classe, le communisme se devait d'élaborer une éthique qui ferait corps avec l'ensemble de sa doctrine. Pour des raisons pratiques ensuite : car un dogme révolutionnaire n'a de valeur que s'il peut se traduire en action, et même en action directe, d'où nécessité de régler la conduite de ses adeptes en stricte conformité avec le but poursuivi : la destruction de la classe bourgeoise (1).

Ainsi la « raison pure » et la « raison pratique » s'accordent ici à déterminer la nature de la morale prolétarienne : comme la science, la politique et

(1) Soltz, Rapport sur l'éthique du parti (*Pravda* du 6 novembre 1924).

l'esthétique communistes, cette morale sera une morale de classe. « La seule méthode vraiment marxiste, donc la seule exacte, de définir les notions du devoir et du droit, déclara Lounatcharsky (Dispute sur la morale, *Izvestia* du 15 janvier 1925), consiste à voir dans la morale un simple produit des intérêts de classe.... Tout pour la classe : la morale prolétarienne n'a pas d'autre fondement. Le bien, c'est tout ce qui contribue à la victoire de la classe ; le mal, tout ce qui contribue à sa défaite. La phraséologie bolchevique se réduit, en définitive, à démarquer le célèbre aphorisme griffonné par Tchaadaef, le père spirituel de toutes les aberrations russes, avec un bout d'ongle trempé dans du sang sur les dalles de sa casemate : « Est moral ce qui hâte la révolution ; est immoral ce qui l'entrave.... »

Une pareille éthique tranche sur tous les systèmes antérieurs par son manque absolu d'universalité. La seule matière légitime des obligations morales est la classe ou la révolution, et, tant qu'il existe une pluralité de classes, ces deux termes demeurent synonymes. Pour juger de la moralité d'un acte, quel qu'il soit, un communiste doit le confronter à ce critérium suprême : l'avantage qu'en peut tirer la cause prolétarienne. « Nous ne flétrirons pas l'ivrognerie, par exemple, pontifie le camarade Soltz, à la manière des tempérants ; nous nous abstiendrons d'y dénoncer un péché, mais nous dirons : l'abus de l'alcool ramollit les volontés, alors que la révolution a besoin de lutteurs énergiques. »

Il s'ensuit qu'à l'instar des philosophies les plus « capitalistes », l'éthique prolétarienne repose sur un postulat : l'identité de l'idéal moral avec l'avènement de la dictature prolétarienne. « Le prolétariat, se hâte de préciser Lounatcharsky, est l'avant-garde de l'humanité ; il a pour mission d'en assurer le bonheur : les intérêts de l'humanité se combinent dans la morale prolétarienne avec les intérêts de classe. » La dogmatique communiste reconnaît ainsi implicitement qu'une morale sans portée universelle ne saurait être une vraie morale ; mais elle recule cette généralisation à l'heure où le triomphe final du prolétariat effacera toutes les différenciations sociales. La morale bolchevique, en d'autres termes, ne perdra son caractère de classe qu'après avoir anéanti la classe ennemie. Les communistes deviendront volontiers kantiens, quand les cinq continents formeront une seule République mondiale des Soviets.

D'ici là, l'éthique communiste limitera son impératif catégorique aux frontières exclusives de la classe, et nul doute qu'envisagée comme une pragmatique qui sacrifie sans partage l'individu à la réalisation d'un idéal collectif et lointain, elle ne puisse revêtir parfois un caractère ascétique et mystique. Elle trouvera sa meilleure illustration dans le farouche sectarisme de Lénine. Mais, même sous cette forme supérieure et presque monastique, la morale prolétarienne se développe sur un fond de révoltante immoralité. « Tout pour la classe » ! Transposée sur le plan des réalités pratiques, cette formule signifie qu'un communiste n'est tenu à aucun devoir envers un bourgeois, qu'un bourgeois est privé de tout droit envers un communiste. La morale communiste, pour tout dire, consiste à n'en pas avoir à l'endroit de la bourgeoisie.

Un communiste, dans ces conditions, se hausse naturellement au niveau d'un surhomme : hiérarchie légalement consacrée par une distinction entre les inculpés, suivant qu'ils sont d'extraction prolétarienne ou bourgeoise. L'appartenance à la classe élue est une garantie contre les pénalités trop rigoureuses : quoi d'étonnant alors qu'elle soit aussi un encouragement à toutes les licences? Le prolétariat est traité comme une « fin en soi » : quoi d'étonnant alors que les prolétaires découvrent une finalité inattaquable dans la satisfaction rapide et turbulente de leurs appétits? La morale de classe est une école d'effroyable perversion.

Il faut ajouter : de perversion justifiée par le grossier matérialisme professé en Russie à l'égal d'une religion d'État. Le darwinisme vulgaire, la base de la métaphysique officielle, ravale la morale à des imitations zoologiques. La fameuse dialectique marxiste s'identifie avec la « dialectique de la nature ». Le messianisme révolutionnaire lui-même est empreint de la plus basse matérialité. Le mal et le bien étant d'ordre économique, la perfection ne saurait être d'ordre moral. Les pires turpitudes peuvent même se marier excellement à la vertu révolutionnaire. Que l'on revienne sur les aphorismes du Maître : « Il est interdit de juger les communistes d'après les mesquines mesures de la morale bourgeoise.... Un vaurien peut nous être utile, précisément parce qu'il est un vaurien.... »

Les communistes sont donc libres de piétiner les prescriptions de la morale bourgeoise, à la condition de rester des instruments révolutionnaires aux mains du parti communiste. Conclusion qui revient à faire du parti communiste l'arbitre moral de ses adhérents. A tous les attributs de la dictature prolétarienne s'ajoutent les titres de mentor, de censeur et de pion en chef. Et, comme le parti communiste se confond pratiquement en Russie avec l'État, la morale communiste subit le sort réservé par le léninisme à la philosophie, à la morale, à la science : elle devient une affaire de police. Les différents comités, sections et cellules s'ingèrent brutalement dans la vie privée de leurs membres et fichent en détail leurs secrets les plus intimes.

« Le socialisme, répétait encore Lénine, n'est en fin de compte que de la statistique ». Pour utiliser au mieux le matériel dont elle dispose, — outillage industriel ou humain, — la dictature prolétarienne doit inventorier régulièrement ses ressources et en dresser méticuleusement les états. La *Krasnaia Gazeta*, organe officieux de l'État-major rouge, a publié, comme la chose la plus normale du monde, dans ses numéros du 15 avril et du 30 mai 1925, les résultats d'une « inspection morale », opérée par la *Pur*, l'administration politique de l'armée. Les officiers ont rempli des formulaires qui contenaient les questions suivantes : « Avez-vous des maîtresses? fréquentez-vous des filles? avez-vous des vices contre nature? » et, sur ce dernier point, la *Pur* n'a pas épargné des précisions qui soulèvent le cœur. Dans la *Komsomolskaia Pravda* (n° 295), messager officiel de l'Association de la jeunesse communiste, s'étale un document non moins édifiant : la section du *Komsomol* de Kazan a prescrit une « enquête sexuelle » et, parmi les indiscrétions des formulaires, figurait cette rubrique suggestive à l'usage des jeunes filles : « Indiquez avec combien de citoyens vous avez entretenu des rapports sexuels ». Même enquête à Riazan (*Pravda* du 8 avril 1927), conduite par le médecin de l'École supérieure technique qui compte comme élèves des jeunes gens et des jeunes filles de seize ans : « Vivez-vous d'une vie sexuelle? En cas de réponse négative, indiquez pourquoi. Depuis quand vivez-vous d'une vie sexuelle? Indiquez la périodicité de vos actes sexuels. Êtes-vous satisfait au point de vue sexuel? Estimez-vous préférable une union sexuelle de longue durée ou bien des liaisons provisoires? »

Ces « enquêtes sexuelles » d'ailleurs, au dire de la presse soviétique, sont aujourd'hui une habitude courante dans toutes les grandes cellules communistes : omniprésent et omniscient, l'« œil de Moscou » espionne même les alcôves. Il est notamment de la plus haute importance, pour le Comité central et la IIIe Internationale, de savoir si un adhérent au parti « satisfait ses besoins sexuels » — c'est dans ces termes que le bolchevisme parle d'amour — avec une communiste patentée ou une « femme n'appartenant à aucun parti politique ». Certains théoriciens du léninisme sont allés encore plus loin : le camarade Zalkind, auteur de deux ouvrages : *Le Fétichisme sexuel* et *Le Problème sexuel au point de vue soviétique*, s'est élevé avec force contre le moindre roman entre des adversaires de classe : « Le penchant, écrit-il, pour un objet (*sic*) relevant d'une classe ennemie est une anomalie tout aussi monstrueuse que le penchant d'un être humain pour un crocodile ou pour un orang-outang. ».... Aussi, pour se rendre compte de ces hérésies zoologiques, la plupart des « enquêtes sexuelles » contiennent-elles la question suivante : « Satisfaisez-vous vos désirs sexuels avec une communiste, une prostituée ou une femme n'appartenant à aucun parti politique? »

Là où nous dénonçons une curiosité de sadistes en délire, le communisme voit une œuvre sereine de marxisme scientifique. Il remue la boue avec une cuistrerie de pédant. Il patauge dans le ruisseau avec la conscience d'« édifier le socialisme ». Solennellement, il notifie, par la bouche du camarade Zalkind, que « la manière dont se dépense le fond sexuel des citoyens ne pourrait être indifférente au prolétariat : le contrôle le plus rigoureux est indispensable ».

Cette surveillance existe ; elle est une fonction administrative ; elle a pour organe exécutif la fameuse K. K., Commission de contrôle, une sorte de *Tché-ka* morale. La K. K. juge au suprême ressort la conduite des membres du « parti dirigeant ». Elle peut évoquer à sa barre n'importe quelle affaire où se trouve engagé un intérêt révolutionnaire. Émanation directe du parti, la K. K. est naturellement infaillible. Elle est la gardienne de la morale de classe, comme la *Vapp* est celle de la littérature prolétarienne, comme la *Glavnaouka* est celle de l'orthodoxie scientifique, et la G. P. Ou. celle de la sécurité communiste.

Au-dessous de la K. K. s'échelonne tout un réseau de prétoires spéciaux qui en partagent le droit de laver le linge sale en public. Il n'est plus aujourd'hui de section communiste à laquelle ne soit adjointe une « Commission de mœurs » (*bytovaya kommissia*). Polices, parquets et tribunaux à la fois, ces K. K.

provinciales procèdent couramment à l'« épuration des ménages prolétariens » — opérations qui aboutissent à imposer le divorce aux communistes dont les femmes restent étrangères au parti ; certaines K. K. exigent même de tout prolétaire « conscient », en dehors des enquêtes périodiques et réglementaires, des rapports circonstanciés sur les faits les plus réfractaires à la divulgation, du moins dans les pays encore déshonorés par les ténèbres bourgeoises.

Le refus d'introduire le parti dans les coulisses de la vie privée est assimilé à un cas d'indiscipline grave. L'Association de la jeunesse communiste a statué ainsi sur le cas d'une certaine camarade Routkovskaïa, qui avait recouru à des manœuvres abortives sans en avoir averti au préalable le parti souverain : « Blâme public avec insertion dans la presse, exclusion pour deux ans du *Komsomol*, obligation d'approfondir ses connaissances en matière d'hygiène matrimoniale » (*Pravda* du 8 avril 1927.) Le crime de la camarade Routkovskaïa n'est pas d'avoir supprimé une vie dans son germe, mais d'avoir envisagé une opération autorisée par la loi comme une « affaire personnelle ».

Aussi bien, par crainte de passer pour schismatiques, les communistes scrupuleux se résignent-ils à vivre dans des maisons en verre. Il en est qui n'hésitent pas à interroger les chefs de leurs cellules sur le droit de pratiquer les vices les plus écœurants ; il en est d'autres qui renseignent fidèlement le parti sur l'emploi de leurs nuits ; certains préfèrent même adresser leurs rapports à la milice : procédure qui n'a rien d'illogique, après tout, dans un État où la morale relève de la police et où la police est le principal attribut du parti communiste. « Je m'empresse de porter à votre connaissance, écrit un bolchevik particulièrement zélé au chef de la milice de son quartier, que j'ai eu des rapports avec ma femme à minuit ; en ce qui me concerne, je souhaite avoir un fils » (*Izvestia,* du 8 janvier 1925).

Le premier effet d'une morale « étatisée » de la sorte consiste évidemment à détruire la famille. Une maison en verre ne saurait abriter un foyer. Elle ne peut être habitée que par une cellule communiste.

II

PÈRES ET FILS

La famille, d'ailleurs, telle que l'entendent les grands docteurs du bolchevisme, n'est pas autre chose qu'une cellule communiste. Le camarade Soltz (rapport déjà cité) la définit textuellement comme un « modèle de petite alvéole, chargée de coopérer à la réalisation du communisme ». Formule qui s'imbrique étroitement à tout le système : un seul critère — l'utilité révolutionnaire; un suprême devoir — travailler au triomphe de la révolution. Comme les relations entre les citoyens, c'est donc en fonction de cet unique critère que s'établiront les rapports entre les différents membres de la cellule familiale. La parenté de classe primera la parenté de sang dans la hiérarchie et la fixation des devoirs. Pour les mêmes raisons qu'il ne saurait être accueilli dans une cellule communiste, un ennemi de classe ne peut être membre d'une famille rouge. L'hostilité au léninisme est une déchéance morale, une *capitis diminutio* universelle.

Pour s'excuser d'avoir épousé une bourgeoise, pis encore, d'avoir conduit sa fiancée à l'autel — crime qui entraîne la radiation d'office des listes communistes — un disciple de Boukharine a juré devant son comité qu'il avait dérogé seulement en apparence : son vrai but était d'espionner des contre-révolutionnaires !

Une fois de plus, le communisme est ici d'une implacable rigidité dans sa logique. Si les Soviets ont conservé la famille, ne fût-ce qu'à titre d'alvéole communiste, c'est exclusivement en raison de l'impuissance où se trouve encore l'État bolchevik à exproprier les enfants par décret, à remplacer effectivement les parents. Mais cette socialisation collective des bébés demeure toujours inscrite au programme du léninisme intégral. Détenteur de toute vérité et de tout pouvoir, l'État seul, en principe, a le droit de préparer les nouvelles générations à la lutte finale. Et, tant que cette tâche n'est pas réalisable, les parents n'exerceront leur autorité que par délégation et par tolérance de l'État. Ils ne l'exerceront donc qu'à la condition expresse de représenter l'État, de participer à son essence communiste.

La vérité, même en Russie, sort parfois de la bouche des enfants.... Braillements de jeunes cannibales, contorsions de macaques en goguette. Dans un claquement de fanions écarlates, les cortèges de mioches bolchevisés dévalent à travers l'immense étendue de la Russie. A tue-tête, des lèvres déjà flétries jettent au vent des couplets abjects, *La Marche des Pionniers*, cette *Internationale* de l'enfance rouge : « Le parti communiste est notre père, la section féminine des Soviets est notre mère, boum, et c'est tout ».

Qu'on lise et qu'on relise, que l'on médite soigneusement ce dernier couplet des petits voyous rouges : à la filiation physique, le bolchevisme substitue la seule filiation qui compte à ses yeux : l'adhésion au parti communiste. Le Comité central doit enfanter une humanité nouvelle, et c'est à Lounatcharsky qu'incombe la tâche de présider à ces couches monstrueuses. « Nous réussirons à refondre la masse infantile, s'écrie l'organe officiel du commissariat de l'Instruction publique (*Narodnoie Prosvestchénié*, nº 1 de 1925) ; nous en tirerons l'avant-garde communiste... » Programme en pleine exécution : d'ores et déjà, à la tête des pionniers, qui comptent 800 000 membres, paradent de hideux malandrins, détraqués par la cocaïne et le vagabondage. Ce gibier de potence commande en maître à l'enfance russe, dirige la propagande athéiste, édite des journaux — le *Nouveau Robinson*, la *Pravda des Pionniers*, le *Jeune Constructeur* — gazettes farcies de diatribes contre les parents et d'appels à l'extermination des bourgeois. « Il faut, suivant les ordres du VIe Congrès de la Jeunesse communiste, qu'il y ait des pionniers dans chaque rue, dans chaque maison, dans chaque hutte .... » En vertu d'une ordonnance du Comité central (*Izvestia* du 4 août 1924), les pionniers doivent même, à leur tour, former des cellules de bébés « octobrisés » pour les nourrir au rouge biberon de la IIIe Internationale. Dans une véritable transe de délire sacré, Boukharine annonce la production en série de ces Adams communistes : « Nous avons détrôné les idoles, nous avons ouvert les portes à la science : nous créons des hommes ! » Et voici qu'à la suite du lunatique en chef, les grenouilles bolcheviques s'enflent d'orgueil et coassent sur les autels prostitués. Des primaires font concurrence à Dieu !

Pères et fils, on connaît ce roman dramatique où Tourguénief a décrit l'antinomie déchirante qui, à l'heure où le nihilisme ravageait la jeunesse, faisait de la famille russe une véritable Babel ; les pères ne comprenaient pas leurs fils, les fils ne comprenaient pas leurs pères. Depuis, le nihilisme a eu beau se muer en marxisme, et le marxisme en bolchevisme, l'antinomie subsiste aujourd'hui comme hier, et Tourguénief, s'il vivait, aurait pu renouveler son roman sous le même titre. Pères et fils, il faut lire fils contre pères — antagonisme monstrueux, mais qui est devenu un phénomène presque normal dans un pays où la force des idées se mesure à leur caractère subversif. Toute l'histoire morale de la Russie moderne n'est qu'une guerre de cent ans entreprise par les fils contre leurs pères.

Les fils ont vaincu, et le bolchevisme n'est qu'un parricide collectif. A l'égal de tout contre-révolutionnaire, les parents « obscurantistes et rétrogrades » sont assimilés aux ennemis de « classe », et les signaler à l'attention de la G. P. Ou. est un acte de civisme élémentaire. Dès les bancs de l'école, les bambins s'exercent à espionner leurs père et mère sous des prétextes d'ordre pédagogique : les thèmes préférés des compositions, surtout à la rentrée des classes, consistent à exposer les idées en honneur dans les familles sur le régime des Soviets. Conséquence de ces exercices de style : Fountikof, le célèbre socialiste-révolutionnaire, fusillé il y a quelque temps à Bakou, doit sa mort à la dénonciation de sa fille, fonctionnaire modèle et membre « consciente » du *Komsomol*.

Référons-nous comme toujours aux sources bolcheviques.

La *Pravda* du 21 avril 1925 s'est étendue avec complaisance sur le léninisme précoce d'un jeune « pionnier » qui eut l'idée de publier un journal manuscrit concernant les faits et gestes de sa famille, sans oublier, bien entendu, suivant les meilleurs préceptes de la *Tché-ka,* d'en expédier un exemplaire aux bureaux des rédactions communistes. « Mon frère, écrit ce Boukharine en herbe, est un « sans-parti », un individu peu développé au point de vue politique et propriétaire, au surplus, d'un pigeonnier important : comme tel, il n'a pu être accepté dans les rangs des pionniers.... Ma sœur, en revanche, figure bel et bien parmi les pionniers, mais elle est un exemple vivant de dégénérescence politique : elle conserve des poupées de l'ancien régime ; elle brode et... au point de croix, par-dessus le marché, divers chiffons à des fins de confort bourgeois.... Mes parents, jadis deux hydres de la contre-révolution domestique, ont dû se plier aux exigences nouvelles ; ils ne fument plus l'opium de la religion, ils ont bazardé leurs bagues de fiançailles.... Mais du vieux monde pourri mon père a conservé une phraséologie périmée.... Il est souvent en dehors de la légalité révolutionnaire ».

Et la *Pravda* ne se tient pas de joie : « Nous sommes loin, écrit-elle, des tableaux classiques d'autrefois, la famille réunie sous l'abat-jour, le père plongé dans son journal et la mère dans ses comptes de cuisine, tandis que les enfants en collerette de dentelle s'adonnent à des puzzles représentant la vertu récompensée, et que la vieille bonne allume des veilleuses devant les icones. »

La *Pravda* n'a que trop raison : le communisme a la descendance qu'il mérite.

« Je vous prie, écrit au Soviet de son village un jeune dignitaire communiste, de prendre des mesures urgentes contre mon père, une canaille, un idiot. Il faut museler sa bouche imbécile.... Il n'apprécie pas les hautes fonctions que j'occupe; il oublie qu'il habite l'U. R S. S. ; il se croit en Amérique ou en Angleterre.... » Suivent quelques lignes si immondes que les paraphrases les plus ouatées n'en sauraient reproduire le sens. En manière de conclusion, le fils déclare que son père est digne tout au plus de gérer les fosses à ordures et engage le Soviet à confier cette tâche honorifique à un vieillard encrassé dans les idées d'un autre âge. Puis, comme le Soviet — un ramassis de *koulaki* ! — n'a pas cru devoir se rallier à cette piété filiale, le fils, de plus en plus conscient, a envoyé la copie de sa lettre à un des principaux agents de la G. P. Ou., le camarade Sosnowsky, qui s'empressa de la publier dans la *Pravda* avec ce commentaire savoureux : « Nous sommes en présence d'un document destiné à faire partie plus tard de toutes les chrestomathies socialistes, d'un document qui sera enregistré avec soin par les historiens et les psychologues. »

Il n'est pas le seul hélas ! En voici d'autres, tout aussi représentatifs et d'une authenticité qui ne souffre aucun démenti. La scène, reproduite par un reporter de la *Krasnaia Gazeta*, se déroule à la barre de la justice révolutionnaire de Pétrograd. Cité pour refus de verser une pension alimentaire à sa mère impotente, un membre du parti communiste opposa à cette demande une action reconventionnelle :

« J'accuse mon ex-mère (*sic*) de m'avoir injurié gravement et prie le tribunal de l'enfermer comme un être essentiellement dangereux ». Une pauvre petite vieille sanglote éperdument : « Je t'ai donné la vie, je t'ai nourri au prix de ma faim.... Je ne suis ton ex-mère que depuis hier, depuis que tu reçois un gros traitement. — Citoyenne Andréeva, réplique le « fils », pas de sentimentalité, pas de familiarité, vous n'êtes que mon ex-mère, et rien de plus.... Seule votre incarcération peut épargner à la société le danger que vous présentez.... De quel droit êtes-vous venue me harceler jusque dans mon bureau?... » De nouveaux sanglots s'élèvent : « Tu m'as mise à la porte; mieux encore, tu es descendu pour crier au portier : « Chasse donc cette apache et à grands coups de pied, et qu'elle n'ose jamais revenir.... » N'avais-je pas raison de te traiter d'ingrat?... » Glacial, le « fils » hausse les épaules : « Camarades juges, j'insiste sur l'incarcération de mon ex-mère.... Je vous prie de lui enlever la qualité qu'elle s'attribue et de me libérer de tout devoir filial.... »

Ce « fils » a raison : sa vraie mère n'est-elle pas la « section féminine des Soviets »? Le « Prix Trotzky » n'a-t-il pas été décerné en 1925, dans une pépinière communiste française, à un galopin qui avait accolé à son nom, Dudule, celui de Zinoviof, et qui avait craché au visage de sa mère coupable de propos contre-révolutionnaires?

Crachat profondément révélateur : il n'a rien d'accidentel. Puisque la paternité est un jeu de physiologie, une mère n'est qu'une variante perfectionnée d'incubation mécanique. Ni droits ni devoirs. Tout au plus, si la couveuse est d'origine prolétarienne, les droits et les devoirs qui découlent de la solidarité communiste. Une machine à procréation, une machine à allaitement, ne sauraient exiger un respect spécial, une affection particulière et, dans les cas de déchéance, le voile pudique jeté sur le déshonneur de Noé. Plus sont pourries les branches de leurs arbres généalogiques, plus les communistes pur sang éprouvent une joie sadique à les effeuiller en public. « Je suis le fils d'une prostituée », proclame avec emphase un héros d'une romancière en vogue, Mme Seifoulina. Et cette déclaration ne s'étale pas que dans les romans soviétiques. Comme le petit lauréat du Prix Trotzky, les grands dignitaires du Kremlin n'hésitent pas à cracher à la face de leurs mères.

Dans *La Presse et la Révolution*, publication de l'Académie communiste (nº 4 de 1926), le camarade Voitolobsky a consacré un article dithyrambique à Demian Bedny, le fameux « cavalier du verbe ». Etude littéraire, biographique aussi, où quelques pages abondent en renseignements sur la mère du poète, une « hideuse prostituée villageoise », une véritable incarnation d'Elisabeth la Puante des *Frères Karamazof*. « Catherine Kouzminichna, écrit le caudataire de Demian Bedny, n'était pas seulement une ivrogne, mais aussi une voleuse émérite ; elle a subtilisé notamment à son propre fils un bonnet de fourrure.... Elle était également une faiseuse d'anges renommée : son traitement consistait en sirop à base de salpêtre.... Elle avait côtoyé enfin de près l'assassinat : c'est sur son instigation que ses deux amants avaient tué le père de Demian Bedny et jeté le cadavre dans une fosse à fumier.... » Et voici la perle suprême : « Efimka — car Demian de son vrai nom s'appelle Efim — vient d'avoir quatre ans. Les yeux brouillés de larmes comme toujours, et le corps violacé par les verges, Efimka trottine à la suite de sa mère.... Il entre avec elle chez l'épicier ; il se motte dans un coin d'où il assiste à une scène éhontée qui a pour théâtre un écroulement de sacs.... Efimka éclate en sanglots, et la mère s'acharne sur son fils à grands coups de gourdin.... » Or, qui a pu évoquer ce souvenir d'enfance devant l'auteur, sinon Demian Bedny lui-même? A côté du trouvère communiste, le Smerdiakof de Dostoïevsky, le fils d'Elisabeth la Puante, n'est qu'un chérubin.

Et maintenant poussons les conséquences du cauchemar à ses limites extrêmes. La famille, cellule communiste, recule au delà de la caverne préhistorique, ce premier foyer humain, où le mâle était déjà un mari et un père. Mais le régime soviétique n'admet le monopole qu'en matière de commerce extérieur. En matière de paternité, il reconnaît des « enfants collectifs ». Il arrive fréquemment que deux communistes confient aux soins d'un asile un produit de leur « coopération sexuelle ». « Nous avons entretenu simultanément des relations avec la mère de cet enfant, déclarent-ils ; nous en sommes donc pères tous les deux » (*Pravda* du 7 mai 1923). Rien n'est moins absurde. Le parti, le vrai père de tout communiste, n'est-il pas une collectivité? La voix du sang : imagination de l'individualisme bourgeois, hérésie physiologique à l'usage des apologètes d'un droit capitaliste entre tous : celui de tester!

Ainsi s'explique l'absence de l'inceste dans la liste des crimes prévus par le nouveau code pénal. Les tribunaux ont à examiner couramment les demandes de pensions alimentaires que réclament des sœurs séduites par leurs frères. Les juges accordent ou refusent le prix de l'infamie, et c'est tout. Ils n'ont pas à connaître le degré de parenté qui lie la demanderesse au défendeur. Ils n'ont pas à identifier le sang qui coule dans leurs veines. L'inceste n'est qu'un « acte sexuel » !

III

LES MASSACRES D'INNOCENTS

Au spectacle des monstres engendrés par le régime soviétique, on est presque tenté de comprendre que plus d'une femme préfère extirper de ses flancs les germes de vie plutôt que de donner le jour à des Smerdiakof socialistes. Grimace juridique, pirouette de la dialectique matérialiste, la même législation qui refuse à une mère des droits quelconques sur ses enfants lui confère la faculté dictatoriale de les étrangler avant leur naissance. Aux termes d'un décret promulgué le 20 novembre 1920, et consacré par l'article 146 du Code, il suffit, pour justifier un assassinat chirurgical, qu'une citoyenne excipe de ses charges de famille ou d'une santé débile ; il suffit même, en règle générale, qu'elle soit une communiste loyale, qu'elle soit une surfemme. L'aiguille complaisante des médicastres soviétiques peut empêcher la venue au monde d'un claque-faim strumeux ; mais elle peut anéantir aussi, à l'état de fœtus, un nouveau Lénine.... Jamais plus formidable puissance n'a été accordée à l'individu que par une doctrine qui réduit l'individu à un accident historique.

Mais la contradiction n'est qu'apparente. Il faut savoir gré à un certain camarade Gurbof qui, dans le journal officiel du Soviet de Moscou (1), a interprété le décret de 1920 comme une mesure essentiellement provisoire imposée à l'État par le devoir de restreindre la natalité en raison de difficultés économiques momentanées. Cet article, en effet, eut le mérite insigne de scandaliser gravement les parangons communistes et d'amener la *Pravda* à s'expliquer en détail, avec toute la crudité désirable, sur le plus scabreux des problèmes. « Le droit de la femme ! le bon billet ! s'esclaffe le journal (10 mars 1923). Les scolastiques ont pu se demander si le germe humain est un être autonome ou s'il fait partie intégrante de l'organisme maternel : les matérialistes que nous sommes ne sauraient s'occuper de pareilles balivernes. La vérité est ailleurs.... Comment pouvons-nous encourager la natalité si bon an mal an nous enterrons deux millions de bébés? Cette propagande témoignerait d'une confiance toute bourgeoise en la force des idées : or, ce ne sont pas les idées qui dirigent la vie.... La seule propagande permise a pour objet de dénoncer les dangers des opérations abortives pour la santé de la femme...., Mais le jour viendra où la vie sexuelle sera rationalisée, où l'homme sera maître de la nature.... En attendant, il nous appartient simplement de rendre certains processus aussi peu nocifs que possible » (2).

(1) Nouvelles de la Section d'administration du Soviet de Moscou, n° 17, 1923.

(2) Il est à noter que certaines administrations (notamment les hôpitaux) exigent de leurs employées un engagement « de ne pas se laisser féconder ». Dans le cas contraire, l'avortement est imposé d'office (*Izvestia*, du 21 octobre 1928).

Filtrez le magma de ces phrases quelque peu énigmatiques. Vous obtiendrez comme résidu la conclusion suivante : impuissant à nationaliser les enfants, l'État manifeste pour le moment la plus large tolérance envers la suppression de communistes virtuels ; mais, lorsque la collectivité atteindra au faîte de sa perfection, que l'État exercera tous les monopoles, les Soviets « rationaliseront » le rythme des naissances à l'aide de procédés scientifiques qui dompteront les risques et la douleur. La collectivité, par les soins de ses représentants administratifs, délivrera les permis d'anéantir les promesses de vie humaine, et les gynécologues, « maîtres de la nature », videront les entrailles d'une femme avec la même facilité que l'on extrait aujourd'hui une dent de lait. Dans l'attente de cet âge d'or, il ne reste qu'à faire progresser la « technique abortive »....

Aux termes de la réglementation soviétique, l'exécution capitale d'un fœtus ne porte un caractère de légalité qu'à la condition d'avoir pour bourreau un médecin au service de l'État et pour échafaud la table d'une clinique relevant du commissariat de l'Hygiène publique. L'effort du gouvernement communiste ne tend pas à diminuer le nombre d'anges fabriqués en Russie, mais à standardiser cette production, suivant les méthodes sanitaires les plus modernes. Dans les coopératives, dans les magasins de l'État, dans les clubs de femmes, sur les murs des usines, s'étalent des affiches où des coupes anatomiques, violemment polychromes, représentent l'évolution de la grossesse et précisent le moment propice à l'intervention chirurgicale ; au bas de ces planches, des appels pathétiques invitent ouvrières et paysannes à se fier exclusivement aux conseils des médecins officiels, à fuir rebouteurs, chiromanciennes et sorcières, « épaves du régime capitaliste ». Sur l'écran, des précisions physiologiques encore plus répugnantes et plus dramatisées. « Pas une trace de sentimentalité et de morale larmoyante, clame la *Pravda* en triomphe (10 décembre 1924) : un film hygiénique, un film social.... Tous les dangers de se livrer à des sages-femmes ignares, tous les avantages des avortements légaux défilent devant les yeux des spectatrices édifiées.... »

Le premier effet de cette propagande consiste à faire d'une opération, dont on ne parle ailleurs qu'à mi-voix, avec des hauts de cœur, une pratique courante et normale. D'après les assurances de la *Rabotchaia Gazeta* (Gazette ouvrière), on peut assister tous les jours, en pleine classe, à ce dialogue entre maîtres et élèves : « Je demande l'autorisation de sortir.... — Où? — A l'infirmerie.... — Est-ce pour un avortement?... » Et, dans cette question à peine croyable, rien de grivois, aucune salacité. En dehors du territoire rouge, un professeur se fût enquis de la même manière sur un rhume de cerveau ou une rage de dents.

Des écrivains russes, Semidovitch et Gorodetzky, ont évoqué les sinistres antichambres des maternités soviétiques — maternités où les femmes désapprennent leur métier de mère. Ouvrières rachitiques, paysannes à la taille ballonnée, filles publiques, semi-bourgeoises, produits faisandés de la *Nep*, tous les échantillons de l'Eve soviétique. La jeunesse domine : dactylographes des commissariats, étudiantes des *Rabfaki*, la frétillante avant-garde du bolchevisme, pourrie jusqu'à la chitine. Certaines sont là pour la troisième ou la quatrième fois ; avec la conscience d'une supériorité irrécusable, elles encouragent les novices, se moquent des timorées, jabotent avec un bruit de crécelle. Des confidences s'échangent sur les romans qui aboutirent à cette antichambre d'hôpital. Gorodetzky a noté d'effroyables aphorismes : « Est-ce qu'une chienne peut se rappeler la bête qui l'a couverte?... — Un enfant, c'est déjà un de trop.... — Ma mère a eu seize enfants : de pareilles horreurs n'ont pu se perpétrer que sous l'ancien régime.... » Et le tout sur le ton le plus naturel du monde, une parfaite anesthésie morale. Parfois, après la visite, des crises de nerfs, une grêle d'injures lancée à la face des médecins : la commission infanticide a décrété qu'il était trop tard de procéder à une « opération légale ».

Il ne reste plus alors qu'à frapper aux portes des officines où des charlatans abreuvent les malheureuses de mixtures infernales et manient des instruments rouillés. Le fait-divers courant au pays des Soviets, c'est le cadavre d'une femme pourrissant à la lisière d'une banlieue, victime de quelque monstrueuse mutilation. Le plus souvent, les enquêtes demeurent infructueuses; mais il arrive que la G. P. Ou. finisse par découvrir la cambuse où l'inconnue s'est abandonnée à une gynécologie meurtrière. La majorité des spécialistes clandestins sont si obérés de travail qu'ils ne donnent même pas le temps à leurs clientes d'enlever leurs fourrures ou leur manteau ; après avoir empoché la liasse de roubles ou le bijou, souvent la bague des fiançailles trahies, ils étendent des êtres pantelants d'horreur sur une table maculée ; aucune précaution d'antisepsie, même élémentaire ; l'eau bouillie est un préjugé bourgeois, les instruments stérilisés un luxe contre-révolutionnaire. Tel est le tableau qu'évoque la *Pravda* (3 mars 1927), tableau terrifiant si l'on songe qu'au bas mot, d'après les statistiques du professeur Okoutchitz, publiées dans la *Krasnaia Gazeta*, le nombre d'opérations frauduleuses dépasse de 100 p. 100 celui des opérations autorisées.

La Russie n'est qu'une immense fabrique d'anges ; par l'entremise de sa *Tché-ka* médicale, elle étend la « terreur rouge » jusqu'à la vie utérine. De 6 700 en 1924, les avortements à Pétrograd ont atteint en 1925 le chiffre de 16 000 : chiffre qui représente 42 p. 100 du nombre total des naissances. En 1926, nouvelle progression : 19 235 demandes, 17 053 autorisations. En 1927, le saut est encore plus brusque : 14 186 demandes et 11 722 autorisations pendant le premier semestre. A Moscou, les services de « protection des mères et des enfants » — le mot « protection », ici, ne laisse pas d'être d'une poignante ironie, — suppriment par mois un potentiel humain d'environ mille têtes, et les différents hôpitaux s'enorgueillissent de moissons tout aussi copieuses. Encore trop entachée de traditions bourgeoises, la campagne, évidemment, accuse un retard compréhensible sur les bienfaits de la civilisation urbaine : sur cent grossesses villageoises, les statistiques n'en relèvent que douze qui soient « liquidées » artificiellement, mais, d'année en année, cette proportion ne cesse de s'accroître ; la propagande abortive du camarade Semachko, vétérinaire sous l'ancien régime, commissaire d'Hygiène publique sous le nouveau, recrute des adeptes par milliers dans les rangs des paysannes ; sur les haies des plus lointains hameaux, les fameux placards, ornés de leurs planches anatomiques, indiquent aux mères les moyens légaux de pratiquer le Malthusianisme communiste. Dans bien des villages, au dire de la *Pravda* (31 janvier 1926), les moujiks convoquèrent le Soviet rural pour mettre un terme à un « scandale inconnu de leurs pères ». Mais le sexe faible tint bon contre l'assaut des « obscurantistes ». « Vous chanteriez sur un autre ton, si vous deviez accoucher vous-mêmes », glapirent en chœur les déléguées paysannes. Et la controverse, dans plus d'un Soviet, sous le regard amusé d'un Lénine en plâtre, s'acheva par un crêpage énergique de chignons et de barbes.

« La femme est finie chez nous à vingt-cinq ans, avoue la camarade Gnipova dans les *Izvestia* (17 novembre 1926), et la raison de sa détresse physique, il faut la chercher avant tout dans l'épidémie des avortements ». Pour parer à ces conséquences préjudiciables, les femmes communistes norvégiennes ont dignement complété la doctrine de leurs mentors moscovites : au Congrès de 1924 à Oslo, elles ont voté, sur la proposition de la doctoresse Tove Mohl, en faveur des femmes incapables d'élever leurs enfants, le droit à l' « assassinat légal » des bébés dans les vingt-quatre heures qui suivent leur naissance. Les élèves ont dépassé les maîtres.

IV

LE MARIAGE DE FAIT

Le Congrès pan-russe des Soviets a ratifié en 1926 le projet du nouveau Code matrimonial. La famille rouge a enfin reçu son statut.

Statut essentiellement provisoire d'ailleurs. Le camarade Koursky, commissaire du peuple à la Justice, a pris soin de spécifier qu'il convenait d'envisager la nouvelle législation comme une simple ébauche du droit communiste définitif. A son cuisant regret, le Gouvernement n'a pu faire table rase des idées bourgeoises dont la population russe est encore pénétrée ; il a été condamné à la triste nécessité d'édifier le Code matrimonial sur une « institution aussi étriquée » que la famille, et le camarade Koursky s'en excuse avec humilité. « Pour nous, communistes, déclara-t-il, le régime de l'avenir se dessine sous un jour tout différent : le droit vraiment communiste aura pour base non pas la réglementation du mariage, mais l'éducation collective des enfants par l'État » (*Izvestia*, n° 265, 1926). « Conquête encore lointaine, avoue le camarade Wassilief-Ioujine dans la *Pravda* (6 mars 1926); nous n'avons même pas assez d'écoles pour enseigner l'alphabet à tous nos enfants, ni assez de crèches et d'hospices pour abriter les millions de gosses abandonnés, ni, enfin, assez de réfectoires publics pour remplacer la table familiale.... » L'État est ainsi obligé de maintenir le mariage tant qu'il est incapable d'offrir des centres de puériculture, des dortoirs et une table d'hôte socialiste. Le mariage, mal encore inextirpable, mais déjà très sensiblement atténué !

Dans son grand rapport au Congrès, le camarade Koursky a énuméré avec orgueil les coups assenés par le marteau soviétique à une institution vermoulue. Le Code de 1918 a consacré déjà toute une série de victoires révolutionnaires : la destruction du pouvoir marital, l'abolition du mariage religieux, le régime de la séparation des biens, la monopolisation de la tutelle aux mains des organes de l'État, et surtout la simplification du divorce, un progrès réalisé même sur le consentement mutuel : la déclaration unilatérale d'un des conjoints suffit à faire voler en éclats un ménage communiste. Par là, du reste, le législateur soviétique se flatte simplement d'avoir rédigé ses textes sous la dictée d'inéluctables réalités : la famille, affirme-t-il, se désagrège à vue d'œil, elle pourrit sur place, et l'excédent de la population féminine, 2 500 000 femmes « vacantes », contribue à précipiter la marche d'une dissolution fatale par le réactif inattendu d'une formidable « concurrence sexuelle » (rapport de Boldyref, *Izvestia* du 8 décembre 1925) (1).

Mais, si importantes que fussent les réformes de

(1) Voir aussi *La famille et le mariage dans le passé et le présent*, avec préface de N. Semachko (Moscou, 1925).

1918, elles laissaient subsister des traces intolérables de jurisprudence capitaliste : la nécessité d'enregistrer le mariage par devant des autorités publiques. Le nouveau Code n'exige plus cette formalité comme une condition *sine qua non* pour reconnaître la validité du mariage. Il accorde la qualité de conjoints à tout citoyen de dix-huit ans et à toute citoyenne de seize ans qui filent librement le parfait amour. Comme preuves du mariage, il admet la cohabitation, les témoignages oraux ou écrits, une « coopération de caractère économique » entre les époux, des soins communs donnés aux enfants, l'acquisition de biens pendant la durée des relations conjugales. Mais, chose significative, qui ne saurait s'expliquer que par la violente opposition paysanne aux dernières innovations matrimoniales, le mariage enregistré confère aux conjoints des prérogatives plus étendues que le « mariage de fait » : ainsi, si les deux formes de mariage impliquent le droit à l'aide alimentaire, seul le mariage enregistré donne lieu à certaines exemptions militaires et à l'exercice de droits électoraux par les femmes dans les villes.

Une fois de plus, le camarade Koursky s'excuse de cette concession à l'esprit rétrograde qui déprime une malheureuse population, à peine sortie des « limbes féodales » du tzarisme ! « Le jour viendra, j'en suis convaincu, s'écrie-t-il, où l'enregistrement sera aboli sans retour ou bien réduit à une simple formalité d'ordre statistique ».

Mais, dans l'attente de l'âge d'or, force a été d'accepter une cote mal taillée entre l'usine et le village, force a été de concilier les « préjugés agraires » avec les aspirations de l'ouvrier, porteur du flambeau communiste. La *Pravda* (31 janvier 1926) a publié les motions votées dans les campagnes à la suite des meetings tenus par les paysans sur la portée du code matrimonial. « Le mariage n'est pas un joujou que l'on fabrique pour s'en défaire le lendemain ; la classe paysanne ne reconnaît au fond que le mariage religieux ; elle n'accepte le mariage enregistré qu'à titre de pis-aller, elle repousse le mariage de fait comme un déni de justice ; le divorce est une source de conflits, de haines, de vengeances et d'assassinats ; impossible de supprimer l'enregistrement : on ne se marie pas comme on achète une vache ; sans enregistrement des mariages, le pays sombrera dans le vice.... »

Devant ce flot de résolutions, plus acerbes les unes que les autres, le camarade Krylenko, procureur général de la République, sonna le ralliement de toutes les troupes communistes : « Aux armes ! aux armes ! Voici le petit bourgeois qui sort des tranchées et qui monte à l'assaut !... » Mais l'offensive ne comptait pas que des petits bourgeois ; parmi les assaillants, coude à coude avec les « ennemis de classe », marchaient quelques vétérans de la « vieille garde léniniste », tels que Soltz et Riazanof. « L'État, déclara le premier en plein Congrès des Soviets, l'État doit exiger de tout citoyen qu'il enregistre son mariage.... Nous ne réussirons à protéger la femme qu'à cette condition.... » Le camarade Riazanof a été plus véhément encore : « L'institution d'un mariage de fait à côté d'un mariage dûment enregistré aura comme conséquence un monstrueux développement de la polygamie, un déchaînement chaotique des instincts sexuels.... Le nouveau Code n'est qu'un avorton juridique.... » (*Izvestia* du 17 novembre 1926). D'après le camarade Ilinsky, l'un des grands juristes soviétiques, « c'est au Don Juan de la rue que profitera, en dernière analyse, la nouvelle législation » (*Krasnaia Nov*, Le droit et les mœurs...) Et, pour le camarade Larine, encore un léniniste dont il est difficile de mettre en doute l'orthodoxie, l'ouvrière sera livrée à toutes les appétences libidineuses des chefs d'entreprises. Avec une cinglante ironie (*Izvestia* du 16 novembre 1926), Larine a réduit ainsi à leur juste valeur les différents indices auxquels le Code reconnaît un mariage « non enregistré » : « Un homme conduit une femme dans une chambre d'hôtel : voici réalisé l'indice de la cohabitation.... Ils soupent ensemble : symptôme irrécusable d'une coopération économique.... Et le lendemain, lorsque le galant aura acheté pour sa compagne d'une nuit un flacon de parfum ou une houppette à poudre, on pourra même parler de biens acquis en pleines relations conjugales.... »

Le mariage consigné par écrit offre-t-il, du reste, des garanties de beaucoup supérieures si, pour employer la formule d'Ilinsky, « il est plus facile de divorcer en Russie que de se faire rayer d'un registre domiciliaire », et si, suivant l'assurance d'un autre juriste, Kakitelachvili, un compatriote de Staline, la procédure du divorce demande au maximum une quinzaine de minutes?

Un couple se présente par devant un employé de la *Zags* — abréviatif mélodieux qui désigne l'institution chargée de bénir et de rompre les unions soviétiques. « Est-ce pour le divorce ou le mariage, s'enquiert le plumitif, le « pope communiste » comme on l'appelle dans le peuple. Pour le divorce? Parfait. Pas d'enfants? Parfait. Consentement mutuel? Cela va tout seul. Veuillez signer sur ce registre.... Le divorce est prononcé.... Vous pouvez vous retirer... » C'est en ces termes qu'un journaliste soviétique, le camarade Richter, décrit dans les *Izvestia* la petite formalité qui consacre la dissolution d'un foyer. Pratiquement, il faut cinq minutes pour convoler en justes noces et cinq minutes pour reconquérir la liberté. Même en Russie, république asiatique qui n'a rien d'américain, les citoyens aspirent à vivre au galop ; même en Russie, le temps est de l'argent. La *Krasnaia Gazeta* a raconté qu'à peine « enregistrée », une nouvelle mariée a exigé de son époux le salaire d'une journée de travail. Dans la certitude que la procédure matrimoniale occuperait plusieurs heures, elle avait obtenu un congé : une perte sèche de 2 roubles 25 copecks. Après avoir essayé en vain de ramener sa femme à des sentiments plus désintéressés, le mari s'exécuta avec rage, mais réclama le divorce sur-le-champ. Au bas des signatures joyeusement calligraphiées à l'occasion du mariage, signatures dont l'encre n'avait pas encore eu le temps de sécher, les conjoints griffonnèrent des paraphes qui mettaient fin à leur bonheur domestique. Le mariage a duré quelque dix minutes....

Sans doute, il n'y a là qu'un record exceptionnel, mais la possibilité de l'atteindre dans les cadres stricts de la légalité ouvre les écluses à toutes les licences. Les *Zags* ont enregistré en 1926 un divorce pour quatre mariages ; en 1927, pour quatre mariages, on comptait déjà deux divorces. La durée moyenne des amours conjugales ne dépasse pas huit mois. Les unions d'une semaine sont un phénomène courant, et celles de vingt-quatre heures attestent de mois en mois une progression constante. En décembre 1927, la *Zags* de Moscou a dénombré 48 mariages rompus le lendemain de leur célébration.

L'enregistrement, dès lors, ne sert qu'à empêcher un citoyen d'entretenir légalement des harems, mais il consacre en revanche le droit de changer à l'infini de femme légitime. On peut divorcer et contracter mariage autant de fois qu'on a le temps de se rendre à la *Zags* : la loi ne prévoit aucune restriction quantitative ; Mme Gnipova a certifié au Congrès pan-russe des Soviets (*Izvestia* du 17 novembre 1926) qu'elle connaissait une communiste qui paradait au bras de son quinzième mari. Mais si, au lieu d'enregistrer ses caprices successifs, cette communiste avait préféré les unions « de fait », n'aurait-elle pu exhiber quinze maris à la fois? « Nous luttons glorieusement, déclara Stoltz (même numéro des *Izvestia*), contre la polygamie dans nos républiques musulmanes, et nous comptons plus d'un camarade qui se trouve en possession de quatre femmes. » Chiffre bien modeste d'ailleurs. Il est au pays rouge des Barbes-Bleues dont le lit conjugal est assez vaste pour contenir jusqu'à 119 femmes. La *Pravda* (4 mars 1926) signale le nom de ce pacha communiste, le camarade Fotine, un excellent révolutionnaire.

Et, de fait, pourquoi le camarade Fotine ne pourrait-il porter le nombre de ses femmes à 119 et même à 200? Invité à expliquer son ardeur matrimoniale devant le Comité communiste de sa section, le joyeux drille fit valoir l'irrésistible « dialectique de sa nature ». « J'ai du biceps, je suis jeune, je déborde de sève.... » Traduit à la barre de sa cellule, un autre adepte du matérialisme historique — accusé, entre autres prouesses, d'avoir poussé une de ses compagnes au suicide, — a répliqué à ses juges, non sans hauteur : « Auriez-vous l'obligeance de me montrer un texte interdisant à un communiste d'avoir plusieurs femmes? » Et, comme le constate Sosnovsky dans la *Pravda*, loin de provoquer l'indignation du public, cette apostrophe déclencha des applaudissements enthousiastes. Dans les quelque vingt-cinq volumes, en effet, dont se compose l'œuvre de Lénine, les exégètes les plus subtils, les plus fins glossateurs de l'herméneutique communiste seraient impuissants à découvrir un texte limitant le nombre de pensionnaires d'un gynécée ou d'un haras bolcheviks. L'un des thèmes préférés sur lesquels s'acharne la logomachie des meetings soviétiques consiste précisément à essayer de fixer un maximum qu'auraient approuvé Lénine et Karl Marx. Après une controverse houleuse, les ouvrières de Kharkof se rallièrent à la motion suivante : « Il convient d'exercer une influence appropriée sur les femmes qui se montrent disposées à s'attacher plus de trois maris. » Chiffre modeste dont les motions masculines ont toujours dépassé le niveau. La pratique courante aussi....

V

LA TRAITE DES ROUGES

Dès les premiers jours de la révolution, parmi tant d'autres cortèges funambulesques ou tragiques, d'interminables théories de femmes sillonnèrent les rues de Pétrograd dans un braillement de l'*Internationale* et un tourbillonnement d'oriflammes rouges. Des tricoteuses échevelées, des mégères grimaçantes, des souillons interlopes, des prostituées « conscientes et organisées », mais aussi, en masses compactes, des malheureuses dévoyées par la propagande, le regard illuminé par les perspectives de l'âge d'or. Toutes battaient de la semelle en cadence ; toutes sans exception avaient le sentiment d'être des sœurs libérées. Sur d'immenses pancartes éclataient des inscriptions vengeresses : « La révolution a émancipé la femme ! A bas la tyrannie du mariage ! L'amour libre dans un État libre ! Tous les droits à l'ouvrière ! » Quelque dix ans se sont écoulés depuis ces extases, et l'on peut mesurer le chemin parcouru. C'est aux harems communistes, c'est aux bazars d'esclaves qu'ont abouti les Èves nouvelles de la révolution russe. Le féminisme, sous le régime bolchevik, s'est effondré dans un servage renouvelé des marchés d'Orient. Et de tous les drames soviétiques, il n'en est peut-être pas de plus lamentable que cette déchéance de la femme, la vente aux enchères des Walkyries rouges après une rapide chevauchée à travers les mirages.

Les caudataires du communisme se récrieront, indignés : ils évoqueront tous les droits, tous les privilèges conquis par la femme révolutionnaire : n'a-t-elle pas une Internationale distincte, des cercles, des clubs, des meetings, la faculté de recourir impunément aux manœuvres abortives et l'espérance de devenir ambassadrice comme Mme Kollontay?

Sans doute, mais elle peut être aussi vendue à l'encan ; ses complaisances peuvent être l'objet d'un contrat de louage ; c'est le revers de l'amour libre et sa conséquence : la liberté de traiter les femmes en bétail.

Les *Izvestia* du 26 janvier 1926 nous renseignent avec un grand luxe de détails sur le code matrimonial adopté par le Soviet de Djokolo ; les fiancées se payent à raison de 50 roubles si elles sont vierges, et de 25 roubles si elles sont veuves. Le code du Daghestan est plus explicite : « Une fille excellente en tous points se paye 125 roubles en espèces, plus la literie en nature ; la valeur d'une veuve ou d'une jeune fille de basse extraction — probablement d'origine non prolétarienne — peut s'établir par mutuel consentement.... »

On nous dira qu'il s'agit du Caucase où la population n'a pas encore réussi à s'assimiler la moelle de la doctrine léniniste. D'accord. Mais qu'on lise le *Kommunist*, le principal organe de Kharkof, qui, en date du 1er avril 1926, certifie que le commerce des femmes est chose courante en Ukraine et que les Soviets enregistrent sans sourciller des contrats de vente à l'instar d'une cession de vaches ou de seigle. Certains maris exigent un payement en roubles ; d'autres se contentent de blé, d'instruments aratoires et parfois tout simplement de *vodka*. Le *Kommunist* signale un contrat dûment signé de trois témoins, où le prix de la femme vendue était fixé à deux litres d'alcool. Ici le Soviet local a cru devoir mettre en doute la validité du marché, non pas que l'opération lui parût illégale, mais parce que la marchandise — une femme vigoureuse et saine — a été sous-estimée et que le tout flairait l'abus de confiance.

Ajoutons qu'aux termes du *Kommunist*, il est impossible de livrer à la publicité la teneur de plus d'un document en raison de son caractère par trop « zoologique » (*sic*).

Après les contrats de vente, les contrats de louage, les prises à bail de chair socialiste....

« Je soussigné, Kowalef, m'engage à prendre chez moi Anna Romanenko, la considérant comme ma femme à partir de 1924.... Je soussignée, Anna Romanenko, consens à devenir pour trois ans la femme du citoyen ci-dessus indiqué.... Je soussigné, Kowalef, m'engage à prendre soin de Anna Romanenko comme de ma femme véritable, pendant la durée de trois ans.... »

Tel est le document daté le 19 juin 1924, apostillé par le Comité exécutif de Doubrovka, dont les amateurs de tératologie matrimoniale trouveront le texte complet dans la *Pravda* du 3 mars 1925.

Il n'est pas le seul. Le 6 décembre 1924, les *Izvestia* signalaient un autre échantillon de contrat, rédigé d'une façon beaucoup plus explicite.

« Je soussigné, Alexis Riabof, ai délivré à Marie Prostoserdowa la présente quittance (*sic*) confirmant ma parole d'honneur communiste aux termes de laquelle je veux m'unir à la dite Prostoserdowa. Je m'engage à me conduire honnêtement ; je promets de ne lui infliger aucune injure imméritée et de ne lui occasionner aucun désagrément par des vices ou par les conséquences éventuelles des vices, notamment les maladies vénériennes.... Il est entendu que je dois répondre devant la justice pour toute violation de mes promesses. » Six semaines plus tard, la citoyenne Prostoserdowa intentait un procès contre le citoyen Riabof qui s'éclipsa un beau jour sans laisser d'adresse : 30 roubles pour le thé, le sucre et le pain consommés par le volage, et 15 roubles... pour l'achat de médicaments dont on devine la nécessité.

Mais voici un contrat encore plus révolutionnaire. Si blasé qu'il pût être sur le chapitre de la moralité soviétique, le juge d'instruction du premier district de Kharkof dut écarquiller ses yeux en parcourant la plainte suivante : « Ma femme, Marie Ivanovna Medvedenko, a signé un contrat matrimonial privé (*sic*) avec le citoyen Eskine, directeur de la Société commerciale de Moscou.... Comme je trouve anormal que ma femme légitime cohabite simultanément avec moi et le ci-dessus nommé Eskine, je me suis vu obligé de mettre un terme à mes relations conjugales et de céder ma femme, en qualité de deuxième épouse, au dit citoyen Eskine, qui en a déjà une.... » A la plainte était annexée la copie de l'accord « privé » intervenu entre Eskine et Marie Ivanovna : « 1° à partir du 26 courant Maria Ivanovna s'engage à remplir saintement et fidèlement ses devoirs conjugaux sous tous leurs aspects et dans toutes leurs manifestations ; 2° aujourd'hui, le 25 courant, Maria Ivanovna doit se présenter à l'Hôtel Métropole (chambre n° 101) pour.... » Mais ici commencent des clauses si « zoologiques » qu'aucun papier, à moins d'être de fabrication soviétique, ne pourrait en supporter le choc. Les devoirs qui incomberont à Maria Ivanovna sont définis sous tous leurs « aspects », dans toutes leurs « manifestations ». Et, comme s'il s'agissait de la chose la plus simple du monde, les signatures de plusieurs témoins se pressaient au bas de cette pornographie juridique. Les tourtereaux bolcheviks n'hésitent pas à coucher par écrit les thèmes futurs de leurs roucoulements.

Devant cette épidémie de contrats à court et à long terme, renouvelables comme des baux, et dressés avec la franchise de Zoulous qui auraient appris la procédure, des dignitaires communistes ont fini par appeler l'attention du Congrès des Soviets sur la « tendance de plus en plus marquée à régler les rapports sexuels à l'exemple de relations commerciales ». Découverte imprévue : en pleine dictature prolétarienne, la femme n'est plus qu'une marchandise dont le prix obéit à la loi générale de l'offre et de la demande ! Sous un régime qui se flatte d'avoir consacré l'égalité entre les sexes, sous un gouvernement qui s'honore d'avoir émancipé les « sœurs de Chine et de Turquie », l'ouvrière agricole ne trouve un emploi qu'à la condition de se mettre tout entière à la disposition de son maître !

A la suite d'une enquête approfondie, le camarade Serafimovitch s'est élevé avec une indignation pathétique contre les mœurs en honneur dans les plantations criméennes (*Krasnaia Gazeta* du 21 mars 1926). « Les filles paysannes, écrit-il, doivent abdiquer toute pudeur en échange d'un morceau de pain moisi. Elles travaillent comme des bêtes de somme, le râtelier et la litière en moins ; puis, la tâche journalière finie, le patron est libre d'exercer son droit de jambage. Les serves rouges reviennent dans leurs villages déshonorées, flétries, détraquées souvent par des procédés barbares pour supprimer les traces de leur déchéance.... » Et pourtant, assure le camarade Serafimovitch, des milliers et des milliers de victimes prennent chaque année le chemin de la Crimée et souscrivent, pour se nourrir de détritus, à des marchés infâmes. Mais la Crimée est-elle une exception dans le paradis communiste? La conclusion du journaliste soviétique est catégorique : « Partout c'est la même chose, partout.... »

Le *Trud*, porte-parole des unions professionnelles, a publié le 21 mars 1926 les textes de quelques contrats qui illustrent cette abominable vérité : hommes d'affaires prudents et retors, les négriers bolcheviks excellent à spécifier, dans des formules différentes, le genre de prestation qu'ils sont en droit d'exiger de leurs employées. Tel marché prévoit un « travail nocturne » au service particulier du patron ; tel autre oblige les ouvriers à livrer leurs femmes en qualité de servantes ; tel autre, enfin, se dépouille de toute périphrase et impose le devoir de se comporter, pendant toute la durée du contrat, en « bonnes domestiques et épouses ».

Comme la *Krasnaia Gazeta*, le *Trud* ne trouve pas de termes assez incandescents pour stigmatiser ces accords ignominieux. Mais quoi de plus hypocrite qu'un sermon de vertu dans la bouche des apologistes professionnels de la bestialité? Entre l'abolition de la famille et du mariage, — le point de départ — et la bolchevisation des femmes, — le point terminus, — le léninisme s'est arrêté à mi-chemin : il piétine entre l'œuvre de table rase accomplie et celle des réalisations encore trop audacieuses pour être tentées avec succès : de là les solutions transactionnelles du nouveau Code qui se heurtent aux « préjugés bourgeois » sans contenter les aspirations des communistes purs, et de là aussi ces solutions anarchiques qui se multiplient en marge du législateur, au gré des convenances et des appétits personnels. Dans l'attente que les phalanstères bolcheviks comportent des harems collectifs, où des pions sexuels, au nom de l'État proxénète, surveilleront les accouplements prolétariens, on nationalise déjà les femmes au petit bonheur ; on remplace les socialisations futures par des procédés contractuels en harmonie avec les us et coutumes d'une période transitoire, la *Nep*. Parfois, on anticipe sur l'avenir ; on érige la collectivité, sous forme de Soviet rural, de Comité exécutif ou d'assemblée villageoise, en arbitre suprême de tous les romans qui s'ébauchent dans le ressort territorial de ces différentes institutions. Le « fond sexuel » des citoyens — pour employer une expression chère au camarade Zalkind, — ne relève-t-il pas du patrimoine général des ouvriers et des paysans pauvres? Et, dès lors, la gestion de ce fond n'appartient-elle pas de bon droit aux organes de la dictature prolétarienne?

Les *Izvestia* du 28 octobre 1926 ont publié un exemple typique d'une ingérence de classe dans une histoire de cœur. Comme un moujik d'âge assez mûr avait décidé d'épouser une veuve, originaire d'une bourgade voisine, les hauts fonctionnaires du village estimèrent que ce « problème sexuel » devait être tranché par un *referendum.* Devant tous les habitants réunis, le président du Soviet rural dénombra les raisons qui s'opposaient au mariage : raison d'ordre économique d'abord : le moujik était copieusement doté, tandis que la veuve était pauvre ; raison d'ordre géographique ensuite : le moujik et la veuve étaient nés dans deux localités différentes. « Le pouvoir soviétique, conclut le Lénine campagnard, ne saurait approuver une pareille politique.... » Et l'assemblée, avec un ensemble parfait, n'interdit pas seulement au contre-révolutionnaire de convoler en justes noces avec l'objet de sa flamme, mais lui intima l'ordre de satisfaire ses « besoins sexuels », puisqu'il en éprouvait encore à son âge, avec une paysanne de son village natal, une certaine Arina, propriétaire d'un beau lopin de terre.

VI

L'IMPÉRATIF PHYSIOLOGIQUE

Que prouvent toutes ces déformations matrimoniales, sinon que le mariage, toléré comme un mal provisoirement inévitable, est une institution qui se survit à elle-même dans une société communiste?

A chaque instant, sous la poussée des étalons rouges et des Vénus bolcheviques, la mince façade juridique dont se pare encore un « préjugé capitaliste » se lézarde et s'effrite. A chaque instant les réalités bousculent le minimum de droits que le législateur reconnaît encore à une institution caduque. Et, si l'on serre de près le fond de la pensée communiste, on découvre que le bolchevisme accueille avec la joie d'un clinicien devant un diagnostic confirmé, les plus nauséabondes des licences, pourvu qu'elles compromettent le mariage aux yeux du prolétariat. Incapable de raser la citadelle familiale, le bolchevisme en a descellé les vieilles pierres et ouvert toutes grandes les portes aux offensives des sens débridés. Dans les moindres vacillations de l'édifice sur ses bases disjointes, il annonce, hypocrite, les symptômes d'une catastrophe que rien ne pouvait écarter.

Rien, car la nature, la science, le communisme, toutes les hypostases qui composent la Trinité révolutionnaire, condamnent la réglementation bourgeoise de l'amour. Elles substituent au syllogisme la mécanique des atomes et le bégayement des instincts à l'impératif catégorique. Les conséquences pratiques de cet enseignement s'imposent d'elles-mêmes. « Il n'y a pas d'amour, affirme Slepkof, un prophète de l'avant-garde communiste, dans un volume intitulé *L'Adolescence et les mœurs* édité aux frais de l'État : il n'y a que des phénomènes physiologiques. » Or, la physiologie ignore la pudeur, les complications sentimentales que le romantisme bourgeois a greffées sur l'accouplement de deux mammifères. Elle est en dehors des convenances sociales, des règlements juridiques, des entraves morales, des catéchismes religieux. Fondé sur la connaissance exacte des lois physiologiques, le bolchevisme se fera donc un scrupule de ne pas contrarier la « dialectique des glandes et des nerfs ». Il est obligé, en vertu même de ses principes, d'absoudre le dévergondage au nom du matérialisme historique.

Aussi, pour être taxé de contre-révolutionnaire, suffit-il de la plus légère allusion à la nécessité de tempérer les élans physiologiques. Le roman de Kracheninnikof, *Chasteté*, a provoqué dans la presse de Moscou des sourires apitoyés. « Il retarde de quinze ans au moins, écrit la *Pravda*, ce malheureux qui s'obstine à ceindre la continence d'une auréole maladive, qui manifeste de la répugnance envers un acte aussi normal que la perte de la virginité.... L'auteur se tient de la vérité communiste à la distance d'un coup de canon.... Quel est le pionnier qui baisserait aujourd'hui les yeux au spectacle d'une baigneuse effrontée ? » Défense de contredire la « physiologie ». Il n'en est pas jusqu'au camarade Zalkind, l'un des grands théoriciens de l'amour marxisé, qui n'ait reçu, lui aussi, quelques admonestations de la *Pravda* pour avoir osé conseiller un peu de « parcimonie dans les dépenses sexuelles ». Le camarade Zalkind, pourtant, n'avait nullement enfreint la dialectique de la nature en prêchant à la classe ouvrière d'épargner ses forces génératrices : d'après cet excellent communiste, le prolétariat doit « maintenir une liaison intime avec les influences cosmiques », et suivre notamment.... le rythme des saisons ».

Ontologie filandreuse, métaphysique minorative, réplique le parti communiste à ces considérations pourtant zoologiques à souhait. « Vivre, s'écrie Stoltz, c'est se manifester d'une façon intégrale.... On ne vit pas dans le cas contraire : on existe. On peut exister cent ans sans vivre un seul jour.... Et les bolcheviks doivent vivre, ils doivent tirer de la vie le maximum de jouissances à la condition de ne pas identifier leurs plaisirs avec ceux du premier bourgeois venu.... » Cet épicurisme socialiste nous amène en droite ligne à la consécration de l'hystérie sexuelle, sous l'euphémisme d' « amour libre », Coran érotique dont Lounatcharsky est l'Allah et Mme Kollontay le Mahomet en jupe. Que les paysans — c'est-à-dire sous sa forme agrarienne, le suprême reliquat de la bourgeoisie russe, — se résignent au mariage, à la monogamie légalisée, cette régression s'explique par le grossier capitalisme où s'enlise encore la campagne : la famille, dans les champs, conserve toujours la valeur d'une unité productive ; et tant que l'agriculture n'est pas industrialisée, tant qu'une ferme n'est pas une « fabrique de blé », le mariage moujik se justifie par des arguments économiques, par des considérations utilitaires. Mais, quand il s'agit de la ville aux méthodes de production socialiste, ces motifs jouent à vide : les forges de l'État n'ont pas besoin comme le lopin de glèbe familiale que le même homme et la même femme se condamnent à partager le même lit.

« Qu'est-ce la famille? se demande Mme Kollontay? Deux êtres qui se sont unis l'un à l'autre, qui se sont, en d'autres termes, isolés de la collectivité.... Avons-nous besoin d'une pareille symbiose? Non, mille fois non » (Rapport sur le mariage et les mœurs, *Izvestia* du 2 janvier 1927). Tout se tient ainsi, tout s'emboîte dans un système où les lois économiques règlent jusqu'aux rapports entre les sexes : au mariage, solution qui s'adapte à la campagne contre-révolutionnaire, la cité communiste oppose le droit à une liberté absolue.

« Il n'y a pas plus d'importance à se livrer aux gestes de l'amour qu'à vider un verre d'eau », déclara récemment Lounatcharsky devant un parterre mixte de collégiens à peine pubères. Un verre d'eau, rien qu'un verre d'eau ; pourquoi s'abstenir de boire lorsqu'on a soif? Et Lounatcharsky, l'homme qui tient dans ses mains l'avenir du peuple russe, de réciter aux braiments lascifs de l'auditoire, un quatrain émétique de Demian Bedny : « Sous chaque buisson un citoyen dans l'attitude d'une écrevisse, et une citoyenne dans l'attitude d'une grenouille.... Félicitons-les : ils convolent en justes noces !... »

Ainsi parla le grand maître de l'Université rouge. Nous ne sommes pas ici en présence d'une polissonnerie oratoire, d'un pied de nez tiré à la morale pour remporter un simple succès de tribune. Lounatcharsky a vraiment parlé en grand maître de l'Université soviétique, où, dès l'école secondaire, l'impératif physiologique est inscrit à la place d'honneur dans les programmes. Vulgarisé à l'usage des petits communistes, le darwinisme officiel comporte des « cours sexuels » illustrés de séances cinématographiques, et dont on devine les encouragements et les conseils. Au nom de la science, rien de ce qui est physiologique ne doit rester étranger au citoyen soviétique. Parmi les textes recommandés par le *Mono* — section moscovite d'instruction publique — pour l'analyse grammaticale et littéraire, figure *Andrei Nepoutevyi* (André le dévoyé) de Neverof, un conte si explicite qu'il déniaiserait en un clin d'œil les pires coquebins. Mais — on ne le répétera jamais assez — il est impossible d'enseigner que le bolchevik descend du macaque sans imposer aux élèves, comme idéal du communisme, la morale de l'ancêtre darwinien. La théorie évolutionniste se traduit en Russie par une progressive et systématique bestialisation. Aux yeux des Soviets pédagogiques, où siègent aussi les « délégués des élèves », il suffit que l'instinct génital se manifeste pour avoir le droit de l'assouvir. Et si l'on songe que les écoles soviétiques sont « mixtes », on comprendra facilement pourquoi elles sont autant de mauvais lieux. Le journal d'un collégien, Kostia Riabtzof, publié dans la *Krasnaia Nov*, a illustré d'une manière édifiante le régime de ces lupanars scolaires où des enfants de douze ans s'accouplent dans les corridors, où des fœtus pourrissent dans les latrines.... Le limon marxiste, dont Boukharine dégage son nouvel Adam, n'est que de la boue.

Mais les années s'écoulent. La Russie ne comptera bientôt que des bacheliers diplômés par Lounatcharsky. Quelle est la digue qui pourra en arrêter la course au bonheur physiologique?

Au fond du verre d'eau, pour continuer la métaphore, s'épaissit trop souvent un résidu coûteux pour le buveur, douloureux pour la buveuse : l'enfant, trouble-fête maudit d'avance, la seule défaillance que trouvent les Don Juan moscovites à la « dialectique de la nature ». Mme Kollontay repousse avec mépris les deux remèdes qu'indique le législateur : l'autorisation de recourir aux manœuvres abortives, — pratique trop périlleuse pour recevoir une application universelle — et le droit d'exiger une pension alimentaire, — pratique rendue illusoire par la modicité des ressources prolétariennes. L'unique moyen de trancher les difficultés, et qui n'empiète ni sur la santé de la femme ni sur le salaire de l'homme, c'est la création d'une assurance contre l'enfantement à l'exemple des assurances contre l'incendie, les accidents et le vol. Mme Kollontay a même pris le soin de calculer la somme indispensable aux frais d'entretien des bâtards soviétiques : 120 millions de roubles par an. Il suffira, pour constituer ce fonds, que tout prolétaire parvenu à l'âge de courir la prétentaine verse une prime annuelle de 2 roubles. A raison d'environ 17 copecks par mois, il sera permis de vider en toute sécurité les « verres d'eau » de Lounatcharsky. Les satyres des deux mondes demanderont en masse la naturalisation soviétique.

Les garçonnes aussi. Marxiste jusqu'au bout de ses ongles roses, Mme Kollontay complète et précise ici la théorie de Lounatcharsky. Non sans raison elle a toujours tenu pour secondaires les victoires les plus écrasantes sur les capitalistes, tant que les fleurettes bleues de l'idéalisme bourgeois continueraient de braver les bourrasques sociales. La *baba* russe, « au gros derrière adipeux », voilà l'ennemi ! Que la *baba* demeure contre-révolutionnaire, l'édifice léniniste restera construit sur des sables mouvants. Avec la fougue ardente d'une amazone, Mme Kollontay s'est donc jetée à corps perdu dans la guerre civile sur le « front domestique ». Toute son éloquence nerveuse, ses hautes situations administratives, son pouvoir de séduction, elle en a usé pour désagréger les assises du foyer. Avant d'être promue ambassadrice des Soviets, elle a été celle d'une puissance encore plus prestigieuse à son avis que l'Union des Républiques socialistes : l'amour libre ! Et, tout en expédiant à Oslo les affaires de sa chancellerie, elle ne cesse de représenter *in partibus* cette éternelle puissance.

Révolution des mœurs et des sentiments, sous cette rubrique générale Mme Kollontay a inauguré une série de nouvelles dont le premier volume porte le titre qui est tout un programme :

L'amour des abeilles travailleuses. Et comme ce livre est sorti des presses de l'État soviétique, son importance dépasse celle d'une théorie personnelle : même en traitant de l'amour, Mme Kollontay reste fonctionnaire ; sa littérature, non moins que ses rapports au commissariat des Affaires étrangères, portent un cachet de consécration officielle. Mme Kollontay nous expose la généalogie de l' « abeille travailleuse », de l' « Eve communiste » issue d'une mère social-démocrate et d'une grand'mère bourgeoise. Quoi de plus orthodoxe? L'amour a suivi les mêmes étapes que la société. Le darwinisme appliqué à l'amour !

Voici d'adord la grand'mère, Maria Stepanovna Olchevitch, femme de colonel, riche, honorée, en apparence heureuse. Le tout se passe à l'exemple des drames de Tchékhof. Maria Stepanovna rencontre un médecin attaché au *Zemstvo* — cette pépinière de songes creux démocratiques — tourmenté comme elle par une soif d' « idéalisme imprécis, une perpétuelle aspiration vers l'inconnu » : ils se lamentent à l'unisson sur l' « obscurantisme des moujiks » et communient dans le même rêve confus de rénovation libérale. Un beau soir, ils laissent tomber le livre qu'ils lisaient ensemble, sur les bibliothèques ambulantes de la Nouvelle-Zélande, et des cerisiers en fleurs assistent à leur premier baiser. Mais si, pour « le médecin idéaliste », il n'y a là qu'une aventure sans lendemain, Maria Stepanovna entend inscrire dans sa vie l'amour avec une majuscule. Elle abandonne son foyer, elle réclame le divorce, elle s'installe avec une magnifique impudeur chez l'homme en qui elle salue la

Russie de l'avenir. La main dans la main, ils s'en vont à la conquête de leur bonheur qu'ils confondent avec celui du peuple. Ils organisent des bibliothèques sur le modèle de la Nouvelle-Zélande. Ils connaissent eux-mêmes la gloire de la déportation. Mais quel réveil après toute cette griserie ! Le médecin se laisse surprendre aux bras d'une vachère, et Maria Stepanovna, fidèle à ses principes, lui signifie la rupture sans appel. Elle se console en distribuant des abécédaires aux moujiks et surtout en élevant sa fille, la petite Olga, l'enfant du péché généreux et de la passion ardente.

Avec Olga commence la « période social-démocrate de l'amour ». Olga est marxiste, mais, puisqu'elle n'est pas encore bolchevique, elle ne peut être marxiste qu'à demi. Disputée par les fièvres des sens et la discipline révolutionnaire, sa vie, comme la IIe Internationale, n'est qu'une série de compromis et de contradictions. Son cœur a des pulsations trop bourgeoises pour s'accommoder de la loi socialiste. Maîtresse d'un proscrit notable, le camarade Constantin, elle s'amourache « bêtement, platement », d'un ingénieur. Elle aime toujours le révolutionnaire, mais elle préfère plutôt mourir que de quitter son capitaliste. Tant de complications déconcertent profondément Maria Stepanovna qui n'admet pas les cumuls. Elle invoque l'exemple de sa vie, elle flétrit la fausse pitié. Conseils d'un autre âge ! A plusieurs reprises Olga passe des bras du bourgeois à ceux du social-démocrate, et, pour mettre un terme à ces déchirements, il ne faut pas moins d'un cataclysme révolutionnaire. Constantin verse dans un « réformisme méprisable » ; l'ingénieur grossit le nombre des émigrés ; libérée enfin de son double joug, et bien que touchée déjà par l'automne, Olga s'éprend d'un jeune ouvrier, le camarade Riabkof.

Mais Olga est mère d'une grande jeune fille de dix-sept ans et le camarade Riabkof n'est qu'un galopin sensuel. Un soir, la malheureuse fait irruption chez Mme Kollontay : la révolution est à son apogée, le bolchevisme côtoie l'inceste.

L'ambassadrice se montre presque offusquée d'une indignation aussi tapageuse :

« Qu'y a-t-il après tout de si intolérable et de si écœurant dans votre histoire?

— C'est leur odieuse impassibilité, clame la mère, leur assurance affreuse, leur certitude cynique d'être dans leur droit.... »

Elle aurait peut-être pardonné, par atavisme d'amoureuse, à une flambée de passion irrésistible. Elle aurait souffert et absous. Mais Génia a le plus révolutionnaire des mépris pour les circonstances atténuantes forgées par le romanesque bourgeois : entre Olga et cette pure communiste, c'est la même cloison étanche qui séparait jadis Olga de sa propre mère.

« Je ne comprends pas, maman, pourquoi t'agiter ainsi. Nous nous sommes plu : tout cela est si simple! On ne m'a pas violée ; je ne me suis pas vendue à un homme ; nous n'avons fait de tort à personne. Je connais admirablement mes devoirs envers le parti : quel rapport trouves-tu entre la révolution et les baisers que j'ai échangés avec Riabkof? Nous ne t'enlevons rien. Veux-tu vraiment interdire à Riabkof d'avoir un peu de plaisir en dehors de toi? Est-ce que tu veux t'assurer la possession de Riabkof par contrat? »

Devant Mme Kollontay, Génia développe son plaidoyer avec plus de franchise encore :

« Il faut beaucoup de loisirs pour roucouler des duos d'amour, et je suis si prise par les séances du Comité ! A l'époque où nous vivons, on peut consacrer à l'amour tout au plus quelques heures : ce sont des distractions pures et simples.

Et soudain, écrit Mme Kollontay, des larmes coulent sur le visage de Génia. Est-ce le repentir? une survivance de « préjugés capitalistes? » Non, la garçonne rouge sanglote à l'idée que sa mère ait pu si honteusement déchoir en portant un jugement contre-révolutionnaire sur les « rapports sexuels ».

L'amour bourgeois, virus sentimental, qui s'attaque à la moelle du matérialisme historique, tel est le verdict de Mme Kollontay et, pour immuniser à tout jamais ses sœurs bolcheviques contre une contagion réactionnaire, elle s'évertue à démontrer, dans des contes d'un pessimisme désespérant, que l'amour est une source permanente, non seulement de malheurs personnels — incidents négligeables au point de vue marxiste — mais aussi et surtout d'infractions au communisme. Mme Kollontay ne ménage pas les souffrances et les déceptions à ce crime bourgeois par excellence : aimer. Même les meilleures, même les plus orthodoxes, celles qui ont un cœur assez vaste pour faire voisiner l'amour du communisme avec l'amour d'un communiste, même ces héroïnes, Mme Kollontay les traîne sur un calvaire immérité. Tous les hommes qu'elles ont la faiblesse de chérir les trahissent en même temps que le bolchevisme. Communistes nantis et repus, ils s'empressent d'abandonner leurs abeilles travailleuses pour des « donzelles bourgeoises », épaves cosmétiquées de l'ancien régime. Sous tous les rapports, ce sont des rénégats.

Mme Kollontay a beau être une grande amoureuse : elle n'éprouve que du mépris pour le sexe fort, dispensateur d'émotions passagères et agréables. Dans les trois cents pages serrées de son livre, elle s'est interdit la charité d'esquisser ne fût-ce qu'un seul caractère d'homme sympathique. Toutes ses tendresses vont aux abeilles douloureuses et meurtries. Il faut lire, sous le titre symbolique de « sœurs », les pages frémissantes où une ouvrière se prend d'amitié pour la prostituée que son mari a introduite une nuit au foyer conjugal : tandis que l'homme ronfle ivre mort, les deux femmes mêlent leurs larmes, étreintes par la même détresse.

Comment épargner aux abeilles cette misère et cette honte? Comment leur conserver la capacité de travail et l'éclat des ailes? Mme Kollontay a répondu par la voix de Génia : les abeilles doivent butiner sans s'attarder aux corolles et aux cœurs dont elles ont goûté le miel. La révolution d'Octobre en matière passionnelle est au prix de ce nihilisme sentimental et de cette licence physiologique. Révolution encore plus tragique, plus angoissante que celle de 1917. Il faudra fusiller les Tatiana de Pouchkine, les Lisa de Tourguénief, les princesses Volkonsky et Troubetzkoy de Nekrassof.

VII

« PAS DE SUREAU »

C'est le titre d'une brève nouvelle de Panteleimon Romanof, l'un des plus jeunes romanciers de la Russie soviétique. A peine une dizaine de pages qu'il serait présomptueux de classer parmi les meilleures de cet écrivain ; rien d'un chef-d'œuvre plastique : un simple document humain. Mais en même temps un document d'une si poignante, d'une si scrupuleuse vérité, une photographie si atrocement exacte de toute une époque, qu'il atteint, d'emblée, au niveau d'un témoignage historique. L'absence de sureau est devenue en Russie synonyme des romans communistes. Pour s'exercer, l'impératif physiologique n'a pas besoin de fleurs.

« Il est de bon ton, chez nous, écrit l'héroïne de Romanof, une jeune étudiante, d'affecter un dédain fanfaron pour tout ce qui est beau, pour tout ce qui est propre.... Dans nos logements collectifs, les ordures et la poussière s'amoncellent, les lits restent défaits.... Ce n'est pas que nos occupations nous enlèvent tout loisir, mais nous sommes obligés de mépriser la beauté et le confort.... Les jurons les plus épouvantables ont acquis chez nous droit de cité. Et lorsque certaines jeunes filles s'en indignent, on s'applique à les familiariser avec les ressources de la langue maternelle, et les gros mots pleuvent.... C'est ce mépris pour toute trace de beauté et de pureté qui provoque, dans nos relations intimes, la crainte de manifester la moindre tendresse humaine. Les jeunes filles s'unissent couramment à leurs camarades masculins pour une semaine, pour un mois, parfois pour une nuit.... Et celles qui cherchent dans l'amour autre chose que de la vulgaire physiologie, on les envisage avec un sourire de commisération comme des êtres inférieurs.... »

Mais voici qu'un parfum de sureau traverse une atmosphère chargée de relents physiologiques....

« Les pommiers embaument, écrit à son amie l'étudiante retardataire ; une radieuse journée de printemps ; j'étais avec lui.... Une marchande de fleurs m'avait offert du sureau, et, tandis que j'attendais la monnaie, il me fixait de son regard légèrement moqueur....

— Alors tu ne peux te passer de sureau....

— Non.... Plutôt vivre avec des fleurs que sans fleurs....

— Moi, je m'en passe, répondit-il avec un rire déplaisant, et je ne m'en porte pas plus mal....

— Mais pourquoi les fleurs vous sont-elles si désagréables?....

— Avec ou sans fleurs les choses se terminent toujours de la même manière.... A quoi bon alors tant d'histoires?... »

Après de longues hésitations, la jeune fille accompagne l'étudiant dans le dortoir universitaire. La chambrée était vide, mais les camarades pouvaient revenir à chaque instant. L'étudiant l'attaqua avec la frénésie d'un poulain....

« Son murmure pressé de voleur, sa hâte poussive, l'éclipse de son calme coutumier, écrit la victime : on dirait qu'il n'avait qu'une pensée, réussir avant l'arrivée de ses camarades. Pas une caresse, pas un baiser, pas un geste humain, rien de tout ce que j'en attendais.... J'avais si besoin qu'il cessât d'être un étranger.... Alors tout serait devenu possible....

« — Que d'histoires, que d'histoires ! s'impatientait-il ; nous ne faisons que perdre un temps précieux.... »

« Blessée, je fis un pas en arrière. Alors, agacé, il me saisit brusquement par le bras :

« — Pourquoi diable traînailler de la sorte? »

« Il me jeta sur le premier lit venu. J'essayais de me débattre, de me lever, mais c'était trop tard.... »

L'épilogue :

« Il faut, dit-il, en rajustant sa toilette, remettre en ordre le grabat de Vanka, sinon il comprendra, l'animal.... »

Et c'est tout : le sureau, on le voit, n'était pas indispensable. La branche printanière gisait sur un plancher sordide, parmi les mégots et les crachats.

La nouvelle de Romanof est loin d'être la seule photographie littéraire de la réalité ; elle n'en est que la plus célèbre. D'après un article de Ionof, dans la *Pravda* (4 décembre 1926), le roman publié par Serge Malachkine sous un titre quelque peu futuriste : *La lune du côté droit ou un amour extraordinaire*, pourrait même rivaliser avec cette évocation « physiologique ». L'auteur trace la biographie d'une jeune communiste, élève de l'Université Sverdlof, chargée de propagande dans une cellule d'étudiants. « J'ai commencé, raconte Tania, par m'acoquiner avec un leader du *Komsomol* ; mais cette liaison ne m'a fait connaître que des avortements. Au reste, je ne l'aimais pas.... Puis, je me suis unie à un autre camarade, également sans amour, et, de liaison en liaison, je suis arrivée au chiffre de vingt-deux maris. Aujourd'hui je suis libre, je passe pour une fille dévergondée, je fume — et je ne fume pas que des cigarettes, — je bois et j'organise des nuits athéniennes.... »

Alors même qu'on délayerait dans de l'eau de rose l'encre où Malachkine a puisé ses couleurs, il serait impossible d'affronter la description des saturnales présidées par Tania, dans l'entourage de tous les « jeunes vieillards du *Komsomol*, qui salivent et qui se trémoussent ». L'essentiel, ici, réside dans l'appréciation que porte la *Pravda* sur les deux ouvrages. « Dans le domaine de la théorie, schématisation et vulgarisation d'un matérialisme mécanique ; dans le domaine sexuel, un déferlement de stupres, une explosion de vices ; dans le domaine des mœurs, inconscience et mufflerie, le culte de l'anecdote pornographique, le triomphe effronté de la bouteille.... » Aveux dont la gravité demeure inaltérée malgré les circonstances atténuantes que plaide le journal : « Tous ces phénomènes sont dus aux influences de la classe ennemie ; le front communiste a été rompu par une idéologie étrangère ».

Mais la classe ennemie n'a-t-elle pas été supprimée en Russie? Les idéologies étrangères ne portent-elles pas depuis longtemps la muselière? Le héros de

Romanof, l'héroïne de Malachkine, ne sont-ils pas les fidèles interprètes de la physiologie marxiste?

Des centaines de lettres qui affluèrent à la rédaction de la *Pravda*, en réponse à l'article du camarade Ionof, se dégage le plus incisif des réquisitoires contre les mœurs soviétiques, application directe pourtant de la doctrine officielle. « La jeunesse, écrit le camarade Bystriansky (*Pravda* du 9 janvier 1927), est profondément convaincue que le manque de retenue, dans les relations sexuelles comme dans les moindres détails de la vie quotidienne — langage ordurier, logements fétides, droit de cracher sur tout et partout, — est un véritable devoir communiste. Affirmer que l'amour n'est pas une copie exacte de l'instinct animal équivaut à trahir le matérialisme. »

Nous enfonçons ici le doigt au plus profond de la plaie qui inonde la Russie de son pus. A moins de réduire les femmes aux femelles, les maisons aux tanières, la parole à une éructation de blasphèmes, on n'est pas communiste : on n'est qu'un bourgeois. « Lorsqu'un Don Juan moderne, déclara le professeur Reisner dans une conférence publique (*Krasnaia Gazeta* du 26 octobre 1926), se met en tête de conquérir une Célimène du *Komsomol*, il brûle d'ordinaire les politesses préliminaires pour lui tenir ce noble langage de la passion amoureuse : « J'éprouve un besoin sexuel, tu me parais tout à fait apte à le satisfaire : pourquoi te mettre sur tes grands chevaux? Ne serais-tu qu'une sale capitaliste? » Suivant la *Rabotchaia Gazeta* (31 août 1928), le flirt bolchevik se réduirait même à des formules plus laconiques : « Tu as besoin d'un homme, j'ai besoin d'une femme, dépêchons-nous.... »

La camarade Smidovitch fournit les mêmes révélations (*Pravda* du 7 mai 1926) : « Tout adhérent au *Komsomol*, tout étudiant au *Rabfak*, doit donner pleine et entière liberté à ses instincts ; toute *Komsomolka*, toute étudiante, doit accueillir les ouvertures du mâle, sous peine d'être taxée comme une bourgeoise, indigne de figurer dans une organisation communiste et de suivre les cours de l'enseignement supérieur. — Si tu refuses, tu n'es pas des nôtres, tu ne peux ambitionner l'honneur de pénétrer dans le *Komsomol*.... » Mais bien vite la camarade Smidovitch refoule son indignation éphémère : l'avant-garde révolutionnaire continue l'œuvre de la révolution sur la carte du tendre. « Les mœurs de la jeunesse contemporaine témoignent d'une refonte générale des rapports sexuels, rapports réglés, jusqu'à présent, par le principe de la propriété privée.... Les *Komsomoltzy* considèrent donc à bon droit comme une bourgeoise la fille qui sacrifie ses meilleures années pour se conserver intacte au profit de l'époux-propriétaire.... » Résultat : « Le mari d'une de mes amies, écrit une étudiante à la *Pravda*, m'a proposé de partager son lit, sous prétexte que sa femme malade ne pouvait satisfaire ses désirs, et, comme j'ai repoussé ses offres avec horreur, il me traita de bourgeoise bornée, incapable de comprendre les thèses communistes en matière sexuelle.... »

Ainsi s'affirme la vérité de la petite nouvelle de Romanof. L'œuvre de l'écrivain est même, dans la plupart des cas, au-dessous de la vérité. La *Krasnaia*

Gazeta a chargé un de ses reporters de vérifier si les étudiants traitent réellement la propreté en adversaire de classe. A côté de ces notes calquées sur la réalité, les descriptions de Romanof sont incolores et inodores.... Pas de meubles ; en guise de matelas, des sacs où la paille a pourri depuis longtemps ; des fenêtres qui n'ont pas été lavées depuis la période glaciaire.... « Le sureau détonnerait dans ce cadre, s'écrie un étudiant ; comment songer à l'esthétique au milieu d'un linge éternellement sale, dans un taudis ou même un vieux journal nous fait défaut pour remplacer la nappe sur la table. »

Romanof n'avait prévu ni une verminière aussi gluante et pestilentielle, ni toutes les distractions physiologiques dont sont capables les limaces socialistes.

Le camarade Grichkine, un cacique du *Komsomol*, raconte la *Pravda* (8 mars 1927), poursuivait de ses assiduités une employée de cinéma : en échange de quelques nuits agréables, il s'engageait à lui trouver une occupation lucrative dans un commissariat. Mais la jeune fille restait attachée à la « psychologie »; elle demandait l'enregistrement par la *Zags* ; elle assurait son amoureux qu'elle était vierge. Et l'amoureux s'esclaffait avec fracas : « Vierge à notre époque ! Il faut être un bourgeois acéphale pour te croire.... Prouve-le, camarade, et tu pourras exiger de moi ce que tu voudras.... » Le pari est conclu : la jeune fille, piquée au jeu, se laisse examiner par la section judiciaire du *Mosdrav* — la centrale sanitaire de Moscou, — et les experts lui délivrent un diplôme de vertu. Triomphante, elle se précipite chez Grichkine qui jure sur la tête de Staline qu'il la conduira le lendemain par devant la *Zags* ; il griffonne même cette promesse sur un bout de papier qu'il signe fièrement de son titre révolutionnaire : adhérent au *Komsomol.* Et la jeune fille, complètement rassurée, s'abandonne aux bras du malandrin....

Le lendemain, elle se réveille sous le regard glacé d'un étranger : « Rhabillez-vous ; il est temps que je m'en aille.... » Affolée, elle demande des explications ; et Grichkine ne les refuse pas. « Si, dit-il, je devais tenir compte des promesses que je prodigue sous l'influence de l'instinct sexuel, je serais obligé de construire un harem de six étages.... » La jeune fille se jette vers le tiroir où elle avait enfermé la « quittance » de Grichkine ; mais le chiffon de papier avait disparu, le certificat du *Moszdrav* aussi. Elle se traîne alors aux pieds du monstre ; elle s'accroche à ses genoux ; elle le supplie de l'abriter, de la conserver près de lui. Mais le cœur communiste est blindé comme les automobiles des expéditions punitives : « Vous me forcerez d'appeler la milice si vous persistez à ne pas évacuer mon domicile ». Et, comme Grichkine se dirige vers la porte, elle s'empare d'un couteau et se l'enfonce dans la gorge. La mort toutefois n'est pas plus miséricordieuse que la vie : appelé en toute hâte, le médecin du quartier la ramène à la conscience ; elle est sauvée pour couver sa honte. Comme une grâce suprême, elle demande l'autorisation de rester quelques heures chez l'homme du *Komsomol* : il faut qu'elle se repose, qu'elle reprenne ses esprits ; il faut qu'elle réfléchisse à l'avenir. Mais Grichkine ne veut pas « créer de précédent » ; ses nerfs révolutionnaires sont restés inflexibles ; il appelle la milice.

Fidèlement consignées par les autorités, les déclarations de Grichkine méritent de lui survivre, de siècle en siècle : « Je n'aime pas cette jeune fille, déclama-t-il, je ne pouvais l'aimer, car elle est issue d'un milieu social qui m'est étranger ; il ne pouvait entrer dans mes intentions d'épouser une bourgeoise, et, du reste, je suis déjà marié et père d'un enfant de deux ans. L'histoire du pari et la délivrance d'un récépissé matrimonial n'étaient qu'une petite polissonnerie sans conséquences. Juridiquement cette quittance est dépourvue de tout effet légal, et un homme, tel que moi, dominé par la raison critique, ne saurait interpréter comme une source d'obligations une simple distraction nocturne. En qualité de vrai marxiste, je suis réfractaire à toute sentimentalité. »

Et comme, au bout de douze ans de propagande physiologique, la Russie compte, d'après les statistiques officielles, quelque deux millions de « vrais marxistes », les Grichkine sont légion, les Grichkine pullulent. Voici le camarade Busch, dont la *Komsomolskaia Pravda* (14 février 1927) a publié le journal intime, un commissaire syphilitique qui abandonnait ses innombrables victimes après leur avoir communiqué le virus ; pour abréger leur agonie, il avait l'habitude d' « oublier » à leur chevet un browning chargé. Voici le camarade Moldovsky, maître d'école à Kharkof, qui, sous prétexte d' « observations scientifiques », assouvissait son sadisme sur des fillettes de quinze ans (*Izvestia* du 9 avril 1925). Voici le camarade Khazof dont la correspondance privée a été livrée à la publicité, et qui, pour se venger du scandale, promena un projecteur de phare sur la vie de ses camarades du *Komsomol* : « Je connais, dit-il, des étudiants communistes qui se mettent à huit pour cohabiter avec la même femme » : telle a été la plus anodine de ses révélations.

Même tenus en laisse par la censure, les journaux soviétiques sont un effroyable miroir ; ils reflètent, en toute sa hideur révulsée et lubrique, la vraie face de l'Eros bolchevik. La *Bednota* (nº 2.235) confesse qu'une jeune fille soucieuse de sa réputation ne s'aventure jamais dans une cellule ou un club communistes. Le *Komsomoletz* lui-même (nº 35 de 1926), l'un des organes officiels de la jeunesse communiste, a publié à ce sujet, et dans des termes d'une crudité hircine, des faits-divers qui ont provoqué un haut de cœur chez Demian Bedny, le pornographe en chef (*Pravda* du 3 décembre 1926). Il s'agit, en l'espèce, de la création d'un nouveau « front », le « front féminin » ; les sections et les cellules du *Komsomol* se lancent à l'assaut des villages, offensives physiologiques collectives à la conquête des « disponibilités sexuelles » ; la Russie rouge, elle aussi, a ses enlèvements de Sabines.

Mais, éternelle et fatale conclusion, on ne fait pas sa part à l'extrêmisme : toute licence a ses tragédies, toute licence a ses vaudevilles. La capitale rouge et les villes principales de l'U. R. S. S. possèdent déjà des confréries qui ont assez de logique révolutionnaire pour pousser jusqu'au bout la lutte contre tous les préjugés bourgeois sans en excepter la pudeur. De vrais communistes n'ont rien à cacher : même le pagne, même la feuille de vigne sont des inventions capitalistes. Dès les premiers attendrissements du soleil, un marxiste conscient doit donc se dépouiller des fastidieuses entraves d'une civilisation imbécile et se promener dans toute la franchise de son matérialisme historique. Sous l'influence de cette propagande, un grouillement de nudités révolutionnaires couvre à perte de vue les bords de la Moscova, les plages de la Baltique et de la mer Noire. A Sestroretzk, au casino, on eut un soir la primeur d'un charleston dansé avant la tentation du Serpent : Adams et Eves bolcheviks baguenaudaient, comme s'ils n'avaient jamais mordu à la pomme maudite. A Pétrograd, des communistes particulièrement « conscients » ont pénétré sans pantalons dans un tramway. A Moscou, des couples se présentèrent, dans le même état paradisiaque, pour faire enregistrer leur mariage par la *Zags*. Et le 1er mai 1926, des *Komsomolki* défilèrent, avec à peine un soupçon de jupe, aux cris de : « Au diable la pudeur ! Au diable la morale ! »

Quand un pays en arrive à cette hystérie érotique, quand les villes sont assimilées à la jungle, il n'est plus de limite, ni aux extravagances des sens, ni à la corruption de l'esprit : les démences les plus scatologiques prennent corps naturellement. Sous le nom de « confrérie éthiopienne », les étudiants de Perm ont créé une association qui interprète ainsi le communisme intégral prêché par le camarade Soltz : « A bas la conscience, à bas la honte, à bas la civilisation, à bas l'Europe ! Dévêtez-vous ! enlevez vos caleçons ! Plus de discipline ! Plus de lois ! » A Blagovestchensk, la fine fleur du *Komsomol* a formé une société non moins radicale, appelée

« Parlement » par mépris, sans doute, pour le régime représentatif, et dont les statuts prescrivent l'ivrognerie et le viol ; les cotisations des membres consistent en quinze litres de vodka par mois. A Voronège, les élèves de l'École polytechnique ont prouvé qu'ils connaissaient mieux la valeur des mots : ils ont donné à leur cercle un nom qui en dit long sur le programme poursuivi : *Krasnaia Chpana*, « la crapule rouge ». Et les étudiants des cours pédagogiques d'Ostrog ont même réussi à dépasser en franchise leurs collègues de Voronège : leur société emprunte son nom au grognement des pourceaux, *Khruk*, et, pour éviter tout malentendu sur cette harmonie imitative, les statuts portent un sous-titre : « Société de cochons ».

Ici, semble-t-il, l'extrême frontière de la salacité est atteinte : les communistes s'identifient eux-mêmes avec des vérats. Mais, suivant le mot d'un poète slavophile, on ne peut comprendre la Russie à l'aide du cerveau, on ne peut mesurer la Russie au mètre : qu'il s'agisse de faire l'ange ou la bête, la Russie demeure toujours le pays de toutes les possibilités. Au cœur même de l'U. R. S. S., en pleine bourse du travail à Moscou, seul le hasard a permis à la milice de dépister une organisation vieille déjà de plusieurs années, la « Centrale collective de l'ivrognerie et de la luxure scientifique ». Dirigée par une dizaine de vauriens de quinze à dix-huit printemps, cette société secrète régnait sur le saint des saints de la Russie syndicaliste comme sur une satrapie de moyen âge. Pour obtenir un emploi, les ouvrières devaient s'abandonner à toutes les expériences d'une tourbe d'érotomanes. Comme il sied à une institution scientifique, la « Centrale » adjoignait à son laboratoire de luxure des cours théoriques, histoire sexuelle et méthodologie de l'amour ; et, comme il sied à une institution communiste, elle possédait sa *Tché-ka* particulière qui terrorisait les récalcitrantes et les exécutait au besoin d'un coup de couteau dans le dos.

Au nom du socialisme outragé, le procureur tonna contre les chefs de la mafia pornographique. Mais, peu à peu, les fonctions d'avocat public passèrent aux accusés.... « Les pères nobles du parti sont figés au point de vue physiologique, déclarèrent des blancs-becs au teint sanieux, au front de primate : c'est la jeunesse qui allume sur les positions de combat avancées le flambeau de la liberté absolue. La liberté et la luxure ont toujours marché la main dans la main, mais elles ont toujours été arrêtées dans leur course par la réaction sénile. Seule la luxure, scientifiquement organisée et collaboratrice de l'athéisme, sera en mesure de briser l'armature de la société bourgeoise et de régénérer la psychologie de la femme. »

La défense prit de plus en plus les allures très nettes d'un réquisitoire. Le matérialisme historique crachait à la face du tribunal les leçons du camarade Lounatcharsky, du camarade Sleptzof, de la camarade Kollontay.... Et les juges baissaient la tête. Ils n'étaient que des contre-révolutionnaires.

VIII

LES ÉPAVES SOCIALISTES : LES FEMMES ET LES ENFANTS

On pourra compter sur les doigts — car on n'arrivera pas au chiffre de dix — les camarades du sexe faible vraiment « arrivées » au pays du féminisme triomphant : Mme Kroupskaia, la fameuse « douairière rouge » ; Mme Kameneva, présidente du Comité de coopération intellectuelle avec l'étranger ; Mme Lilina, directrice des théâtres académiques à l'époque où Zinovief régnait sur Pétrograd ; Mme Andréewa, directrice de musées ; Mme Lounatcharskaia, inspectrice des écoles ; Mme Kollontay, et encore deux ou trois *narcomtesses*, suivant le symptomatique sobriquet qui a féminisé à la française le titre de *Narkom*, abréviatif de commissaire du peuple. A un échelon plus bas, une pléiade de danseuses, de comédiennes, d'hétaïres, paonne autour de l'assiette au beurre soviétique dans des zibelines nationalisées à la mesure de leurs épaules, et c'est tout. Mais la pornocratie, semble-t-il, n'a rien à voir ni avec le féminisme, ni avec le socialisme : elle prouve simplement que l'impératif physiologique a ses profiteuses comme il a ses victimes.

Minorité infime de profiteuses, majorité écrasante de victimes. « Je suis toute consumée, écrit Chourka, une amie de Tania, dans le roman de Malachkine, je ne puis me laisser brûler encore, je n'ai d'ailleurs plus de combustible, tout est déjà calciné.... » « La vie, marécage visqueux, ajoute l'auteur, où tant de jeunes forces se sont irrémédiablement perdues ; une seule porte de salut : le suicide.... » Et, pour vaincre le déboire nidoreux qui lui remplit la bouche et le cœur, Chourka se précipite vers la porte tragique et l'ouvre à deux battants toute grande sur l'inconnu. Elle n'est pas seule du reste : la vie fait à la littérature un immense cortège de cadavres, et, comme toujours, la littérature pâlit à côté de la vie. « Il faudrait des colonnes et des colonnes pour relater tous les crimes qui poussent la jeunesse au suicide », écrit la *Pravda* à l'occasion d'un drame à l'Institut Mendeléef.... Un drame comme il s'en passe des milliers dans les casernes universitaires décrites par Romanof. Toutes les haines communistes opèrent leur jonction contre une jeune provinciale, Koudriachewa, coupable de repousser les amours « sans sureau ». Désespérée, l'étudiante avale du poison, mais on la sauve malgré elle, et les tracasseries, les persiflages, les offres lubriques se renouvellent. La santé de la jeune fille s'en altère profondément. Pendant de longues semaines elle mendie un subside pour aller se soigner en Crimée, et la section médicale finit par lui délivrer le certificat qui accroche la malheureuse à la vie. Mais la « cellule » d'étudiants en décide autrement : elle parvient à faire virer l'allocation au nom d'un camarade « plus conscient », et Koudriachewa se tire une balle en plein cœur devant tous ses tortionnaires réunis. Parmi d'autres « affaires courantes », la cellule examina le « cas Koudriachewa » et se rallia tout entière à l'avis du rapporteur : un blâme sévère à l'adresse de la morte pour avoir manqué de courage civique.

Que peut une jeune fille contre la tyrannie d'une cellule? Celles qui osent se plaindre aux autorités supérieures sont neuf fois sur dix rayées du *Komsomol*, et, sur les neuf exclues, il s'en trouve toujours quatre ou cinq incapables de survivre à ce déshonneur. La cellule a toujours le dernier mot. Pour se débarrasser de son amie, une certaine Danilowa, raconte la *Komsomolskaia Pravda*, le camarade Izotof, un pilier de la jeunesse communiste, a tenu le langage suivant à un compagnon de cellule, Tkatch : « Veux-tu profiter (*sic*) de ma Danilowa ; tu n'as qu'à la menacer de dévoiler sa grossesse.... » Sitôt dit, sitôt fait. Prise de panique, Danilowa négocie le silence de Tkatch au prix d'une liaison qui permet à Izotof d'abandonner la mère de son futur enfant. Tkatch, à son tour, se défait de Danilowa qui passe ainsi aux mains d'un troisième et bientôt d'un quatrième camarade. Une histoire aussi « drôle » ne manque pas évidemment de s'ébruiter, et Danilowa devient le souffre-douleur de toute la cellule : ses quatre amants sont les premiers à lui jeter des pelletées de boue. Après avoir subi longtemps en silence les facéties les plus graveleuses, et sentant approcher le terme de sa grossesse, la bête traquée se révolte et saisit d'une plainte en règle le « bureau » de la cellule. Mais les membres du « bureau » accueillent sa requête avec des rires homériques.... Le lendemain on trouva Danilowa pendue dans sa chambrette.

Le bolchevisme : éteignoir universel ! Comme les révolutionnaires convaincus pour échapper aux déchéances du marxisme, comme les vrais poètes pour s'évader d'une atmosphère où la beauté s'étiole, les femmes cherchent un refuge dans la mort contre la physiologie socialiste.

Dans la mort ou dans la prostitution, une variante de la mort, alternative logique, dernier carrefour où la volonté féminine peut encore librement choisir en Russie. Celles qui s'agrippent à l'existence préfèrent trafiquer de leur corps plutôt que d'accumuler des effets illusoires sur des séducteurs moralement toujours insolvables. La prostitution est le dernier aboutissement de la *Nep* appliquée à l'amour : les femmes, à l'exemple de la Russie, offertes aux concessionnaires.

D'après l'enquête du professeur Fédorensky, directeur de l'Institut vénéréologique de Kharkof, il faut tenir pour une certitude la constante progression du mal, alors même que les moyens manquent pour en dresser des statistiques exactes. La diffusion de la syphilis permet d'entrevoir le total qu'atteindrait l'enregistrement des filles de joie ou, comme les appelait Michelet — désignation qui s'applique surtout à la Russie — des filles de tristesse. A quelques kilomètres de Moscou, un touriste trouvera des villages dont presque tous les habitants présentent des faces hideusement camardes : au lieu de nez, des trous sanguinolents. Dans le gouvernement de Novgorod, 20 p. 100 de la population sont dévorés par le chancre. Le docteur Fédorensky est arrivé au même chiffre pour les moujiks de l'Ukraine. Et, si telle est la situation dans les campagnes, où la monogamie bourgeoise est encore à l'honneur, on conçoit les bouillons de culture que sont les agglomérations industrielles et urbaines, ces fiefs de l' « amour libre ». A l'usine Liebknecht, 592 ouvriers sur 600 ont été reconnus des syphilitiques avérés. A Moscou, 30 p. 100 de la population scolaire paye les leçons de Mme Kollontay au prix d'un sang incurablement vicié. Sur les 800 petites prostituées ramassées dans les rues de Kief, d'un âge qui variait entre huit et seize ans, 300 étaient atteintes de maladies vénériennes. Et comme il faut vivre — même aux dépens de la mort — le microbe homicide est parfois une précieuse ressource financière ; dans son *Roman sans mensonge*, le poète Anatole Marienhof, l'un des maîtres de l'école imaginiste, raconte que les enfants contaminés extorquent ainsi une aumône aux passants : « Donne-moi cinq copecks, sinon je te crache à la figure, et tu auras le syphon » (synonyme populacier de syphilis).

Et voici toute la gamme de dépravations complémentaire : 90 p. 100 des mioches hospitalisés par l'État-Providence sont des cocaïnomanes invétérés. « Les cheveux se dresseraient sur vos têtes, avouait Boukharine en plein XIIIe Congrès du parti communiste, si vous connaissiez l'état véritable où se trouvent chez nous les enfants abandonnés.... » Or, à cette époque, il n'y avait pas moins de 1 680 120 gosses sans abri dans un pays que Lénine promettait de « changer en un jardin florissant ». Depuis (*Pravda* du 10 mars 1926), Rykof, le président du *Sovnarkom*, a confessé que 300 000 enfants au minimum étaient condamnés à l'état de chiens errants. Au cœur de la Russie rouge, à Moscou, Mme Kalinina, femme du premier magistrat de l'U. R. S. S., a découvert 28 enfants domiciliés dans une vieille chaudière à asphalte (*Pravda* du 26 janvier 1926). Toujours dans le même journal (14 février), un membre notable du parti communiste a certifié qu'aux alentours des gares, à Omsk, à Samara et ailleurs, une marmaille, recroquevillée et bleuie par le froid, dormait sur le pavé et dévorait des ordures. Pas même de chaudière à asphalte. L'asphalte seul.

Les Russes rêvent d'espaces stellaires, a dit quelque part Gorky, sans remarquer qu'une mare puante empoisonne l'air qu'ils respirent. Le dernier recensement a fait tomber dans cette mare les plus échevelés des lunatiques fourvoyés au milieu des étoiles marxistes. A Ekaterinoslav et à Rostof, les enfants abandonnés se barricadèrent dans des immeubles à moitié démolis et accueillirent les recenseurs par une grêle de pierres. A Odessa, une cinquantaine de voyous se mura dans des blocs de maçonnerie. Affamées, déguenillées, — racontent les recenseurs (*Pravda* des 17 et 18 décembre 1926), — des hordes d'enfants nichent dans les caveaux mortuaires, dans les grands tuyaux de canalisation, dans des monceaux de fumier, très appréciés à cause de la chaleur qui s'en dégage, si bien que plus d'un locataire y dort souvent déshabillé. A Kertch, une colonie de jeunes Alphonses et de courtisanes, dont l'aînée n'avait pas dix-sept ans, s'est installée dans des carrières, aux environs de la ville : 168 petits monstres y vivaient depuis un an ; 15 y sont morts, et leurs cadavres, sous un mince linceul de cailloux et de sable, leur seul linceul, répandait une odeur de charnier....

Les plus privilégiés, continuent les recenseurs, parviennent à se faufiler dans les lavabos des gares ou bien, moyennant quelques copecks, à se trouver un coin dans les asiles de nuit. Il est difficile, au dire d'un de ces fonctionnaires interviewés par les *Izvestia* (18 décembre), de reconnaître des êtres humains dans ces paquets d'enfants cacochymes qui ronflent sous un amoncellement de hardes pouilleuses, dans une sordide promiscuité ; on dirait des amas d'ordures d'où émergent, par-ci, par-là, des jambes et des bras desséchés par l'éthisie et tout noirs de crasse. Crasse physique, crasse morale. Interrogés sur la nature de leur gagne-pain, la majorité des gosses a répondu « voleur » sans une seconde d'hésitation, même avec une sorte de fierté, l'orgueil professionnel des compagnons de Stenka Razine hurlant à la face des lieutenants du tzar : « Oui, nous sommes tous des bandits ». Et les fillettes d'annoncer leur métier avec le même cynisme, accentué souvent par des gestes de guenon....

Le bolchevisme, Moloch rouge, se repaît de chair verte, mais ce n'est pas son seul crime. La dictature prolétarienne a perverti aussi l'ouvrière ; elle en a fait la salariée de la rue ; elle a dévoré sa propre enfant. D'une enquête publiée par le *Rabotchy Soud* (Tribunal des travailleurs), il ressort que 60 p. 100 des prostituées à Moscou sont de la plus pure extraction prolétarienne : un chiffre qui suffirait à prouver qu'un régime socialiste est incapable d'assurer un gagne-pain honorable même à sa clientèle. Depuis quelque temps, toutefois, classificateurs incorrigibles, maniaques des tableaux synoptiques, les sociologues communistes s'appliquent à distinguer la « prostitution ouvrière » de la vulgaire prostitution du trottoir. La première, une sorte d'aristocratie galante, a ses chasses gardées à l'usine. Ces Geishas de l'industrie n'hésitent pas à maculer leurs ongles polis en maniant des outils, ni à passer une blouse noire sur des dessous en soie. Embusquées derrière les machines, elles guettent leur proie prédestinée : contremaîtres, leaders des syndicats, ouvriers qualifiés, vieux révolutionnaires, qui émargent grassement au budget socialiste et qu'un duvet de poudre sur un minois, des lèvres peintes, tous les attributs de la coquetterie empruntée aux « bourgeoises », aguichent comme des collégiens. A la suite de ce demi-monde prolétarien, dévalent enfin les massifs contingents de la rue, écume des bouges déversée sur l'asphalte, déliquescence humaine offerte au rabais. La « prostitution violette », dit le peuple, violette à cause de ses visages marbrés par les coups, par l'alcoolisme et les érosions microbiennes.

Pour ne pas nous égarer dans les dédales où rôdent ces spectres violacés, nous prendrons des guides de nuit aussi bolcheviks que possible : la *Pravda* et les *Izvestia*. « Le Tzvetnoï Boulevard, écrit ce dernier journal (nº 856), n'est qu'un immense bazar de chair comme la place Soukharievskaia, la place Khitrof, les principales artères de Moscou.

Partout des femmes qui ont perdu la santé, la beauté, la jeunesse, la pudeur, la féminité.... Il en est qui sont attifées de fourrures miteuses et de soie effilochée ; d'autres affublées de vieilles capotes de soldats en bure.... La prostitution, d'après l'organe officiel, s'abrite dans les restaurants, dans les cafés, dans les écoles de chorégraphie, dans les bains publics, dans les tripots, dans les ruines des maisons tombées en décrépitude, dans des caves que la rue inonde de sa boue, dans les asiles de nuit, enfin, auprès desquels les bas-fonds de Gorky sont un paradis bourgeois.

L'*Ermakovka*, précise complaisamment la *Pravda* (18 décembre 1926), compte six étages : au premier, des syphilitiques inguérissables, des monstres dont les narines ne sont plus qu'un souvenir ; au troisième, une cour de miracles, un capharnaüm humain, estropiés, nains, culs-de-jatte, mendiants qui exhibent des moignons ruisselants d'ichor ; et partout un grouillement de prostituées, depuis des fillettes putrides jusqu'aux mégères édentées. La *Soladovka* dépasse en horreur même cet enfer. Tout y pourrit, les murs suintants comme l'humanité suppurante qui s'entasse à raison de cinq à six personnes sur neuf mètres carrés de paille et d'ordures. En 1926, sur les 3000 locataires qu'hospitalisait ce caravansérail de bagnards et de filles, 2 250 étaient rongés par des maladies vénériennes ; depuis, la gangrène a dû conquérir la minorité qui lui échappait : à la *Soladovka*, il n'y a pas de portes, les chambrées bayent sur des corridors peuplés, eux aussi, d'épaves rouges ; les cabinets, communs pour les deux sexes, comme il sied à un phalanstère vraiment marxiste, servent également d'alcôves collectives.

Mais il y a plus. Il existe des *Ermakovki* souterraines, des *Soladovki* aménagées dans des trous creusés en plein sol. L'amour, en Russie, s'est adapté à la nature rampante et larvaire du régime. L'enfant mythologique au carquois d'or, aux ailes céruléennes, s'est métamorphosé en termite ; il préside sous terre, dans des ténèbres humides et puantes, à l'accouplement des « physiologies » communistes ; il ne se sent plus digne d'affronter la lumière du ciel. Coïncidence sans doute ; mais le hasard, parfois, ne comporte-t-il pas les plus éloquentes des suggestions? A Odessa, le vice a trouvé ses tanières sous la rue de Rosa Luxembourg, qui débouche sur la place de Karl Marx ! Mais le record appartient à Pétrograd, où, de termite, l'amour rouge est déchu à l'état de ver créophage : c'est dans les caveaux funéraires des cimetières désertiques, aux confins de la capitale découronnée, qu'il a installé ses lupanars macabres, ses distilleries clandestines, ses marchés de narcotiques. Dépouillé de son âme, l'amour devait fatalement échouer au voisinage des cadavres.

IX

LA DICTATURE DU PIED GAUCHE

Après avoir ingurgité un mélange de vodka, de champagne et de liqueurs — cocktail barbare assaisonné souvent de poivre et de tabac, — la joie suprême, pour plus d'un marchand moscovite, consistait à lancer des bouteilles contre les glaces et à badigeonner de moutarde le visage des maîtres d'hôtel. Ces distractions classiques, parfois, s'agrémentaient de fantaisies plus originales : des moujiks enrichis, aux bottes feutrées de roubles, faisaient une solennelle entrée dans un restaurant à cheval, commandaient un canari à la sauce béarnaise, appelaient des maçons pour percer une nouvelle porte, puis, par cet arc de triomphe improvisé, sortaient dévêtus de leur cabinet particulier. Et, pour motiver toutes ces prouesses, les polissons de l'ancien régime n'avaient qu'une explication à la bouche : « Il nous plaît de nous comporter comme le veut notre pied gauche ». Boutade profonde : elle résumait la philosophie de l'arbitraire, la métaphysique de la tyrannie et de la destruction stupide, le mépris si foncièrement russe pour la dignité humaine, triste conséquence du despotisme en haut, du servage en bas.

Mais tant que des pochards se bornaient à un bolchevisme de gargote en mastiquant des serins et en payant, rubis sur ongle, le plaisir de massacrer la vaisselle, les caprices du « pied gauche » ne présentaient guère un danger d'ordre social. Il s'y mêlait un rire trop bon enfant, la joie d'un Scythe heureux de gambader et de ruer, sans souci de piétiner quelques fleurs de la civilisation. On confondait la vie avec un Carnaval permanent, cette célèbre *masslenitza* russe, lorsque toutes les pitreries étaient autorisées, entre deux douzaines de crêpes arrosées de vodka et matelassées de caviar. Or, voici qu'une frénésie de cet acabit n'a plus pour théâtre des restaurants de nuit, mais la Russie entière ; qu'elle s'exerce librement, sans redouter le gendarme, non pas sur des sommeliers et des divettes de café-concert, mais sur une population de 140 millions d'habitants : tout le régime bolchevik se trouve dans cette extension ; la dictature du pied gauche sous le nom de dictature prolétarienne.

Mais laissons la parole à Boukharine :

« Comme notre parti est la fraction dirigeante de la Russie, comme notre gouvernement épouse des formes dictatoriales, la tentation n'est que trop grande, pour trop de communistes, de monnayer leur situation. Lénine disait qu'un communiste coupable méritait un châtiment dix fois plus rigoureux qu'un simple mortel (*sic*). En pratique, c'est le contraire qui a lieu. La qualité de communiste, surtout si elle est jointe à l'origine prolétarienne, assure aux délinquants une immunité absolue.... Le parti accuse une tendance irrésistible à se muer en un système hiérarchique. Les subalternes ont beau traiter leurs supérieurs de camarades ; ils courbent leur échine devant les chefs. On peut constater cette triste évolution dans n'importe quel magasin de l'État, si le vendeur ignore que son client s'appelle Boukharine, Sidorof ou Petrof.... Sidorof ou Petrof : bétail placide qui doit tout avaler.... Les mœurs de notre bureaucratie sont réellement odieuses : il faudra les réformer vingt mille fois avant de réussir à inculquer aux fonctionnaires communistes ne fût-ce que les règles de la plus élémentaire politesse » (*Izvestia* du 21 mars 1926).

Après Boukharine, prêtons l'oreille à Kouybychef, président de la grande K. K., commission de contrôle :

« Au cours des premiers neuf mois de 1925, déclara-t-il dans son rapport au Congrès communiste, le nombre de plaintes contre les méfaits des fonctionnaires a presque doublé en comparaison de l'année précédente.... Cependant, en 1924, il atteignait déjà le joli chiffre de 10 370 ». Ajoutez, pour apprécier comme il convient l'éloquence de ces statistiques, qu'aux termes même du rapport de Kouybychef, une portion considérable des plaintes porte un « caractère collectif » ; ajoutez que, par peur de représailles, la plupart des crimes demeure un secret éternel entre les victimes et les bourreaux : la situation s'éclairera alors dans toute son ampleur.

Mais de quel droit se lamentent au fond Boukharine et Kouybychef? Leur maître n'interdisait-il pas au propre comme au figuré l'usage des gants blancs? Le cynisme de Lénine, à cet égard, avait de qui tenir : il se rattachait aux traditions les plus invétérées du nihilisme russe. « C'est un symptôme réconfortant — écrivait déjà Bakounine, — lorsque des escrocs se rallient à la révolution : cela prouve que le mouvement révolutionnaire s'est consolidé.... » « Je ne suis pas un socialiste, je suis un escroc, disait aussi l'un des « possédés » de Dostoïevsky ; la racaille est une excellente matière première.... » Pronostic terrible : le socialisme est devenu un prétexte à escroqueries ; au lieu d'un Eldorado socialiste, le règne de la racaille.

Mais il arrive un moment où, sous peine d'être détroussée elle-même, la révolution est obligée de sévir contre ses alliés les plus fidèles, les « escrocs ». Nous sommes loin de l'époque où Gogol reprochait aux fonctionnaires russes d'accepter comme bakchich une portée de lévriers ! Les griffes socialistes sont autrement rapaces et crochues que celles des *tchinovniki* impériaux. De l'aveu de Koursky, commissaire à la justice, jamais la fameuse *vziatka*, pot-de-vin, ne s'est incorporée plus intimement aux mœurs bureaucratiques ; jamais son plafond n'a été plus élevé. Le grand inquisiteur soviétique, Félix Djerdjinski, s'est épuisé à la tâche surhumaine d'épurer les cadres administratifs. Amaigri par les veilles, la lèvre salie d'écume, il se livra, tel un prophète d'Israël, à de sinistres imprécations quelques jours avant de mourir et peut-être d'en mourir : « Je ne vois partout que des prévaricateurs à la place des architectes du socialisme ». Toujours le même motif d'éternelle damnation qui poursuit la révolution russe : pas de socialistes, des escrocs....

« La *vziatka*, pleure la *Pravda*, a pénétré dans

toutes les institutions ». Pour assainir, ne fût-ce qu'en une faible mesure, le commissariat des Voies de communication, il a fallu brandir, avec une énergie de Titan, le « balai de fer révolutionnaire » : 132 fonctionnaires des Ponts et Chaussées déférés à la Cour de Moscou ; 150 employés de la ligne Nicolas surpris en flagrant délit de vols qualifiés ! Sans *vziatka*, pas de wagons, pas de locomotives, même pas de billets. Des *vziatki* pour obtenir le départ des trains de marchandises à l'heure, pour garantir la régularité du transport et l'arrivée au point terminus. Des aigrefins syndiqués « achetaient » des wagons qui passaient par vingt intermédiaires dont chacun prélevait sa dîme...

Veut-on maintenant un exemple, pris entre mille, du népotisme socialiste? Le Trust ukrainien de tabac est là pour offrir le spectacle d'un « directeur rouge » enrichissant sa famille d'avances frauduleuses. Veut-on se former une idée des concussions perpétrées dans le domaine du fisc? Il suffira de rappeler la condamnation de deux inspecteurs à mort et de 381 percepteurs à des peines variant de un à huit ans de réclusion. Veut-on porter un jugement exact sur la morale de la gendarmerie socialiste? On se transportera utilement à Lokwitza dont la milice, par des spoliations systématiques, a saigné à blanc la population entière. Veut-on connaître les mœurs qui règnent dans les établissements de crédit soviétiques? On les appréciera en toute justice d'après la faillite de la Banque industrielle, dirigée par Tabelsohn, alias Krasnostchekof, ex-gargotier avant la révolution, et depuis président de la République extrême-orientale et puis magnat des finances communistes. Veut-on se familiariser avec les us et coutumes de l'Intendance? On n'aura qu'à feuilleter le dossier du Trust des constructions navales : 38 directeurs, vice-directeurs et gérants convaincus d'avoir mis à l'encan les appareils électriques de l'escadre rouge avec la complicité des intendants du port de Cronstadt et du haut commandement de la flotte sous-marine. On y joindra, si l'on veut, le dossier non moins chargé de Kondratief, ex-chef de l'État-major, d'Izmaïlof, chef des services techniques de la marine, et de 72 officiers et fonctionnaires subordonnés, coupables d'avoir raflé des dizaines de millions sur les marchés de fourniture. Veut-on, enfin, quelques échantillons de criminalité particulière à une république où les malfaiteurs s'unissent volontiers en syndicats? On pourra s'arrêter, parmi tant d'autres, sur les affaires de Nijni-Novgorod et de Kherson où des collectivités de communistes, agissant *in corpore*, violèrent en bloc à peu près tous les articles du Code pénal.

En juillet 1925, la Cour suprême se rend à Nijni-Novgorod, déplacement justifié par l'éclat inusité du procès: 34 accusés, dont 32 communistes et, parmi ces derniers, le président du corps judiciaire, les membres du tribunal local, les commissaires militaires du district, les chefs de la G. P. Ou., en un mot, tous les hauts dignitaires de la ville, toute la fine fleur léniniste. Comme acte d'accusation, un formidable in-folio que les *Izvestia* résumaient ainsi dans leur numéro du 13 juin : pots-de-vin, incarcérations arbitraires, verdicts falsifiés, dispenses frauduleuses du service militaire, cessation de poursuites pénales en échange de pourboires, le chantage poussé à la virtuosité. Une autre affaire, non moins édifiante, rassembla sur le banc des accusés, devant la Cour d'Odessa, les autorités municipales, judiciaires et policières de Kherson. Cinquante inculpés, tous des révolutionnaires chevronnés. Le camarade Sofronof, directeur de la section administrative, interprétait le marxisme comme un droit de puiser à pleines mains dans les caisses de l'État et de traiter ses collaboratrices comme des esclaves de harem. Le camarade Ditmar, chef de la milice, une brute saturée d'alcool, knoutait ses subordonnés et protégeait les vols de ses maîtresses. Le camarade Vassilief, adjoint de Ditmar, arrêtait les jeunes filles et les femmes qui avaient le don d'impressionner sa « physiologie ». Le camarade Chakhanof, chevalier de l'ordre du Drapeau Rouge, maître chanteur émérite, fusillait les paysans en série. Chacun faisait honneur à sa spécialité ; Youdelson, le trésorier de la milice, grattait les registres et falsifiait les comptes ; Titouchkine, chef de la « section culturelle », prélevait des taxes illégales sur les paroisses et se piquait d'accepter des commissions sous toutes les formes, en argent et en nature, en complaisances féminines et en tonneaux de vodka clandestinement distillée.

D'année en année, de mois en mois, de semaine en semaine, les scandales se multiplient et se ressemblent tous. La gangrène s'attaque aux commissaires du peuple comme aux derniers des plumitifs. Une seule différence : plus élevé est le *tchin* du fonctionnaire, plus insatiables sont sa rapacité et sa fringale de jouissances, plus audacieux sont les coups de botte et d'éperon distribués par leur pied gauche. S'il est vrai que le socialisme se développe en Russie, ses progrès ne cessent de donner raison à Bakounine.

Que l'on juge de cette « consolidation » d'après un seul mois, le mois socialiste par excellence, le mois de mai 1928.

Dans la république soviétique de Nakhitchevan, tout le personnel gouvernemental est écroué pour une bacchanale de *vziatki*. Sous le masque du camarade Koubalof, commissaire du peuple à la justice, Satan conduisait le bal. Primauté saugrenue, mais qui n'a rien d'exceptionnel. Dans la République des Soviets moldave, la G. P. Ou. prend au collet un autre commissaire à la justice, le camarade Prokhorof, qui mettait aux enchères les sentences de ses tribunaux. En Crimée, un personnage tout aussi huppé, le camarade Ibrahimof, président du Comité exécutif, s'adosse au poteau d'exécution comme un vulgaire capitaliste. Mais il avait réellement additionné un peu trop de peccadilles ! Ses détachements, Janus collectifs, se dédoublaient pour pressurer le pays, tantôt « expéditions punitives », tantôt hordes de bandits : comme force publique, ils extorquaient aux paysans de lourdes contributions pour financer le maintien de l'ordre ; comme écumeurs de grands chemins, ils leur arrachaient les derniers copecks à l'aide de tortures raffinées et sadiques. A Kazan, encore une Excellence rouge sous les verroux : le camarade Morozof, directeur général du Trust des tabacs et, comme toujours, au passif du prolétariat, des dizaines de millions gaspillés ou volés. Dans le Turkestan un giclement de boue que les journaux de Moscou eux-mêmes qualifient de « Panama sans précédent » : l'incarcération de tous les fonctionnaires et de tous les ingénieurs chargés d'aménager un système d'irrigation moderne dans ce berceau du coton russe, une bande qui, depuis quelque six ans, expropriait le trésor des « ouvriers et des paysans pauvres ». Mais les précédents sont toujours dépassés au galop dans l'Union des Républiques socialistes : la vertueuse indignation provoquée par les irrigateurs du Sud vibrait encore qu'elle trouvait déjà au Nord une raison de rebondir ; tous les directeurs et tous les comptables du Trust septentrional de chimie quittèrent leurs bureaux le même jour pour déménager dans les cellules de la G. P. Ou., une centaine de millions engloutis ; des *vziatki* de 10 à 15 p. 100 sur les moindres commandes. Et ce nouveau Panama avait à peine reculé le Turkestan au deuxième plan qu'il s'éclipsait lui-même devant l'éclat d'une affaire toujours « sans précédent » : les magistrats assis et debout de Smolensk inculpés de la plupart des crimes qu'ils devaient instruire, poursuivre et juger.

A côté de ces grands abcès qui finissent par crever, le socialisme reste un pavillon qui couvre les turpitudes journalières. Les coopératives et les administrations soviétiques, au dire de la *Krasnaia Gazeta* (3 mars 1926), acceptent sans sourciller que les fonctionnaires en mission ajoutent aux frais de service le prix de leurs offrandes à Vénus : l'abstinence, en effet, peut compromettre l'équilibre mental des bons serviteurs de l'État. Encore un exemple ; suivant la *Pravda* (9 septembre 1926), des « camarades responsables », lorsqu'une femme correspond à la « dialectique de leur nature », n'hésitent pas à imposer le divorce au mari par des armes empruntées à l'arsenal de la G. P. Ou. : les « besoins sexuels » d'un communiste priment, en effet, les mesquins préjugés de la morale bourgeoise. Un communiste demeure un démiurge même si la justice, à son corps défendant, lui inflige le traitement réservé aux ennemis du peuple. La *Pravda* (10 janvier 1926) en dit long sur les privilèges accordés aux malandrins de bonne noblesse communiste. Le célèbre juge de Kherson, Sofronof, prévaricateur, maître-chanteur et satyre, condamné à dix ans de réclusion, avait le droit de quitter sa cellule tous les soirs pour aller souper, en compagnie de ses complices, dans les restaurants les mieux achalandés de la ville.

Tels sont les exemples venus des sommets : il nous reste maintenant à descendre les pentes de l'Olympe rouge dans les bas-fonds les plus troubles, les plus limoneux du bolchevisme. La dictature du « pied gauche » y devient, tout simplement, la dictature des coups de pied, celle aussi du gourdin, du couteau et du viol : à la place de l'escroc jouant au socialisme, l'apache, le *houligan*.

X

L'APACHE ROUGE

Mais qu'est-ce à proprement parler le *houligan*, ce produit aussi russe, malgré son nom d'emprunt, que le samovar, la troïka, le *knout* et les Soviets?

Le législateur bolchevik a pris la précaution de le définir par un euphémisme plein d'indulgence pour l' « excellente matière » politique qu'est la « racaille » : « Sera accusée d'apacherie (*houliganstvo*) toute personne coupable d'avoir commis des actes irrespectueux envers la société » (art. 176 du Code pénal). Texte malléable à l'infini, formule assez plastique pour se mouler au gré de toutes les exégèses. Car où s'arrête l'irrespect? Où commence le délit?

Le *houligan* classique, sans doute, tel qu'il émerge de la littérature russe, n'est pas un criminel au sens exact de ce mot, mais un goujat pouilleux en révolte contre la civilisation qu'il méprise dans l'impuissance de l'atteindre : trop faible et trop lâche pour monter à l'assaut de l'ordre établi, il se contente de jouer des tours barbares à la société. C'est le « gorille » de Taine qui tire la langue au Code qu'il est incapable de supprimer, l'acéphale qui montre le derrière à toutes les supériorités intellectuelles et sociales. Le *houligan*, si l'on veut, est un révolutionnaire dont l'action directe se borne à cracher au visage des passants au lieu de les fusiller, à casser les vitres des capitalistes au lieu d'en pétroler les immeubles, à vomir des injures aux oreilles des femmes au lieu de les « nationaliser ». Le « pied gauche » du *houligan* s'arrêtait, sous l'ancien régime, en marge du vol avec effraction et de l'assassinat.

Le premier effet de la victoire d'octobre a été d'étendre ce champ d'application. « Hier encore, écrit Belborodof (*Izvestia* du 16 septembre 1926), par ses extravagances et ses débauches, le *houligan* se bornait à infliger le maximum de désagréments à la société ; aujourd'hui, entre le *houligan* et le bandit avéré, il n'y a pas de différence ». Et l'assassin de la famille impériale ne recule pas devant cet aveu : « Suivant les renseignements qui parviennent de partout, les *houligany* se recrutent presque exclusivement dans les rangs de la jeunesse : les pires excès sont commis par des citoyens âgés de douze à vingt-cinq ans. Le plus effroyable des *houligany*, le *houligan* rouge, « celui qui tue, qui pille, qui viole », est ainsi le fils légitime de la IIIe Internationale : il comptait de trois à seize ans au moment où la révolution avait remplacé l'impératif kantien par l'impératif de classe ; il avait été élevé à l'école et même au biberon du communisme. Belborodof lui-même plie le genou devant cette évidence : « *Force nous est de confesser que ces mauvaises tendances ont pris forme pendant la révolution.* » Il y a là un symptôme très inquiétant. Des phénomènes de polarisation radicale se produisent au sein de la jeunesse : à côté des exemples d'héroïsme créateur, nous assistons au développement d'habitudes répugnantes et d'infâmes inclinations. Ces faits s'imposent d'autant plus à la vigilance des Soviets et du parti que les *houligany* commencent à foisonner surtout parmi la jeunesse communiste » (même numéro des *Izvestia*).

« Le moujik ne se signe, dit un vieux proverbe, qu'après avoir entendu le fracas du tonnerre ». La dictature prolétarienne, à cet égard, est restée fidèle à la psychologie villageoise. Elle ne songe au paratonnerre qu'après avoir vu la foudre tomber à ses pieds. Le cri d'alarme, poussé par Belborodof, provoqua dans les milieux communistes l'effet d'un quartier de roche lancé dans une grenouillère. On s'aperçut soudain que la première République socialiste était un coupe-gorge, et, comme d'habitude, les chiffres de pleuvoir. Qu'il s'agisse de production charbonnière ou d'anomalies morales, les bureaucrates soviétiques sont toujours là pour nous fournir, avec la componction d'un employé au cadastre, des statistiques amoureusement tenues à jour. Mais l' « inventaire » n'est pas que le socialisme, comme le voulait Lénine : il en est aussi parfois la condamnation sans appel. Les cas de *houliganstvo*, d'après les rapports circonstanciés de Serguéef et de Koltzof, augmentent régulièrement tous les trois mois de 33 p. 100 dans la majorité des gouvernements russes. Dans le gouvernement d'Ivanovo-Voznessensk, le nombre de méfaits s'est accru de 78 p. 100 en 1924, de 117 p. 100 en 1925, de 166 p. 100 au cours des premiers neuf mois de

1926. Il a doublé depuis 1925 dans le gouvernement d'Iaroslaw, quadruplé dans celui de Tver, réalisé une avance de 80 p. 100 dans celui de Toula. A Nijni-Novgorod, des quartiers entiers sont aux mains des *houligany*, et un maniaque de la statistique a pu calculer que le nombre total des citoyens massacrés en un an par les apaches dans le gouvernement de Tcherepovetz dépassait celui des originaires de cette région tués pendant la guerre mondiale. A Moscou, la même apacherie délirante : 22 739 *houligany*, presque une division sur pied de guerre, traduits devant la justice en l'espace de six mois, et, sur ce chiffre, 54,6 p. 100 d'ouvriers !

A la suite de Belborodof, les plus hautes notabilités bolcheviques, Lounatcharsky, mieux encore, la veuve de Lénine, la camarade Kroupskaia, n'ont pas craint de diagnostiquer le mal : une épidémie d'ordre révolutionnaire, et d'en préciser la cause : le bas niveau de la société communiste. Le vandalisme universel, dénoncé déjà par Trotzky à la base du léninisme, pourquoi se bornerait-il à détruire seulement les valeurs de l'esprit? Pourquoi, au milieu des autels pollués et des bibliothèques saccagées, le « règne du goujat » respecterait-il la personnalité humaine? « Casser la figure au président de la Douma » : dans ce geste d'apache, nous l'avons vu, Lénine saluait un pur exploit révolutionnaire. La seule différence qui sépare le Maître des bas-fonds communistes, c'est la généralisation du précepte. Pour la pègre qui a mis à la disposition du bolchevisme la brutalité de ses musculatures, toutes les voies de fait, indépendamment de la figure à casser, sont toujours des prouesses révolutionnaires. Qu'une pareille interprétation du léninisme soit courante parmi la jeunesse, on en trouvera l'aveu formel sous une plume aussi autorisée que celle de Sosnovsky : « Aux yeux du *Komsomol*, écrit-il, le *houligan* est couronné d'une auréole malsaine, c'est une sorte de héros révolutionnaire : une grave responsabilité pèse de ce chef sur des poètes soviétiques, comme Essenine, qui ont exalté dans l'apache un idéal communiste. »

Le *houligan* pratique le socialisme comme un droit de se comporter en autocrate absolu. Le « marxisme asiatique » aboutit au triomphe de l'individualité, et même des parties les plus basses de l'individu, la force physique au service des fantaisies d'ivrogne et des appétits de brute. Lisez *Les Dieux abattus* de Léonide Léonof, un roman touffu et complexe, tableau d' « une époque qui a supprimé la propriété privée et les âmes, qui a coupé tous les cordons ombilicaux entre le passé et le présent ». Vous y trouverez les incarnations courantes du communisme : Agney, l'apache, et Mitia, le voleur. Après avoir tué un vieux général, Agney accroche les épaulettes d'or sur sa blouse ensanglantée et se précipite chez le photographe.

Mais le vrai, en Russie, est toujours moins vraisemblable que la fiction, et la littérature est toujours handicapée par la réalité. « Les *Komsomoltzy* ont des excédents incoercibles d'énergie révolutionnaire, déclara le chef de la jeunesse communiste à Novgorod, le camarade Zoubkof : leur seul tort consiste à les dépenser, comme s'ils habitaient les forêts de l'Équateur ». A Bolchya Kopany, ils trouent le toit d'un théâtre et arrosent le public à jets d'eau glacée. A Tchelbassy, ils déshabillent toutes les filles qui ne font pas partie du *Komsomol* et les badigeonnent d'une couche gluante de cambouis et de goudron ; là-dessus ils collent toutes les plumes qu'ils avaient arrachées à la volaille des environs et promènent ce cortège emplumé à travers les rues aux sons de l'*Internationale.* A Loziewo, toute paysanne qui refuse ses faveurs aux *Komsomoltzy* est condamnée à payer une taxe spéciale : un litre de vodka par semaine, des œufs, de la farine. A Balierewo, la jeunesse dorée a forcé des moujiks « sans parti » à mâcher des briques. A Rostof, une bande de jeunes communistes, le cerveau enflammé d'alcool, se jette soudain à l'assaut de l'hôpital, met les cliniques à sac et bâtonne médecins et malades.

A Pétrograd même, le bolchevisme transforme parfois la perspective Nevsky en une forêt vierge dont les habitants célébreraient le mardi gras. Après une nuit de soûlerie frénétique, le club de la « culture prolétarienne » a statué qu'il appartenait au marxisme scientifique de manifester son mépris pour la mort, en conduisant au cimetière un camarade aussi vivant que possible, un certain Fokine, « chef responsable » des Comités de fabrique. Ce Carnaval macabre coïncida avec l'arrivée de Gorky dans la ville lumière de la Révolution. L'hagiographe de Lénine vit défiler le prolétariat russe, ce « Lénine collectif », braillant à tue-tête des prières et des couplets d'opérette, derrière un cercueil occupé par un ivrogne qui débagoulait d'épouvantables blasphèmes. La procession s'arrêta devant le monument de Lénine, en face de la gare de Finlande, le marché de filles le mieux achalandé de l'ancienne capitale. Fokine ressuscita des morts pour diriger le bal. Et le tout se termina par des coups de feu et des morts véritables.

Le *houliganstvo* s'est incorporé si profondément, si irrémédiablement aux mœurs soviétiques que la vie journalière, dans ses moindres détails, est tout empoisonnée de cruauté barbare et d'arbitraire asiatique. A l'usine, dans les écoles, dans les casernes, les grands foyers du communisme, on joue au bourreau amateur ; on tourmente son prochain pour la joie de le voir souffrir : dilettantisme d'apprentis *tchékistes*, de tortionnaires sans emploi. Faire asseoir un camarade sur des clous, lancer un jet d'eau dans les yeux, éteindre une cigarette contre le visage du premier venu, arroser un collègue de pétrole et mettre feu par derrière à ses vêtements, dévêtir une ouvrière et la couvrir de cendres : telles sont, d'après la *Rabotchaia Gazeta*, les distractions usuelles de la main-d'œuvre soviétique. Parfois une goujaterie moins banale, une invention plus raffinée : à l'usine Elecktrosil, le 19 mai 1928, quelques communistes expérimentèrent un « clystère aérodynamique » sur un ouvrier « sans parti » ; soumis à une pression de cinq atmosphères, les boyaux éclatèrent comme des baudruches ; la question pratiquait le supplice de l'eau; le bolchevisme, plus scientifique, a découvert celui de l'air.

Chez les étudiants des *Rabfaki*, c'est la même douceur de vivre. L'épidémie de suicides qui ravage la jeunesse russe finit par imposer la nécessité d'une enquête, et les investigations de la milice aboutirent à une série retentissante de procès scandaleux. Le parti communiste a dû se rendre à l'évidence que les bacheliers ès révolution, les futurs docteurs du marxisme, avaient des fantaisies de ruffian et des récréations de bagnard. Il suffira d'un exemple pour définir le genre d'avanies infligées par une jeunesse saturée de dialectique matérialiste à des camarades politiquement tièdes et moralement propres. On trouva un jour, à Odessa, le cadavre d'un étudiant, Lubomir Diakine, qui, trop pauvre pour s'acheter un revolver, s'était tranché les veines avec un canif. Pendant plusieurs mois, le malheureux avait servi de bouc émissaire à la cellule communiste de sa faculté : tous les jours, on barbouillait Diakine d'excréments, on essuyait des mouchoirs sales sur sa bouche et — fin du fin des distractions marxistes — les bolcheviks les plus conscients se déculottaient pour s'asseoir sur le visage de leur victime.

Il n'est que trop facile de prévoir les effets de l' « impératif physiologique », interprété par des gaillards qui prennent comme siège une figure humaine. Pour condamner le « sureau », les élèves de Mme Kollontay, les Grichkine et les Busch, se réclamaient tout de même d'un système idéologique ; ils remplaçaient les déclarations d'amour par des arguments tirés du « matérialisme historique ». Mais l'idéologie, alors même qu'elle excuse les pires abjections, n'est-elle pas aussi une fleur, un luxe, un préjugé aristocratique, un hoquet de morale bourgeoise? L'instinct n'a nul besoin de justification philosophique, et le vrai matérialisme se passe de considérations sur la primauté de la matière. Le *houligan* rouge apparaît ainsi comme le meilleur interprète du léninisme, parce qu'il s'abstient de toute interprétation. Pas d'exégèse, de gloses, de citations, de verbiage : feuilles de vigne héritées de l'« Intelligence », et dont le bolchevisme, aux sommets de la théorie, s'acharne encore à couvrir sa nudité plébéienne. Le matérialisme, dans l'exacte acception de ce terme, supprimera donc jusqu'aux rapides préambules qui indignaient le professeur Reisner. Il agira sans invoquer Engels ou Karl Marx. Il socialisera la femme par une offensive brusquée comme Lénine, une nuit d'octobre historique, avait culbuté la Russie entière dans le ruisseau. L'apothéose de « l'impératif physiologique » est le viol.

« Les viols, s'écrie la *Krasnaia Gazeta* (11 novembre 1926), font partie intégrante de nos mœurs : les femmes ne sont plus en sûreté, ni dans les rues, ni dans les restaurants, ni dans les bureaux de l'administration. Documents en mains, l'Institut soviétique de criminologie se rallie à la même conclusion dans un ouvrage édité aux frais de l'État, *Les Problèmes de la Criminalité*. Un seul tribunal, celui de Novo-Nikolaevsk a jugé en 1926 cent affaires de viol, plus répugnantes les unes que les autres. Les malfaiteurs, écrit encore la *Krasnaia Gazeta* (14 novembre 1926), n'épargnent ni les enfants, ni les vieilles femmes de quatre-vingts ans. Ce manque d'éclectisme est d'ailleurs inscrit dans le programme même du *Komsomol*. La *Marche des Pionniers* ne comporte-t-elle pas ce couplet prometteur : « Nous dévergonderons toutes les filles, nous nous garderons d'oublier les vieilles femmes.... Boum, boum, et c'est tout ».

« Nous.... » Des faits sans nombre ont prouvé qu'il convenait d'entendre ce pluriel au pied de la lettre. Réduit au duo de l'assaillant et de la victime, le viol n'a rien d'une « socialisation » qui, par essence, doit profiter à une collectivité. Pour être vraiment communiste, il faut qu'il soit perpétré par un Soviet en rut ; il faut qu'il assouvisse la luxure d'une cellule bolchevique.

Du 19 au 27 décembre, un procès qui comptera dans l'histoire des turpitudes humaines, l'affaire de la ruelle Tchoubarof, s'est déroulée à la barre de la justice prolétarienne. Face à l'avocat public, vingt galopins convaincus d'avoir déshonoré, à tour de rôle, une étudiante qu'ils avaient entraînée la nuit dans un jardin public, en plein Pétrograd. Sur les vingt monstres, douze appartenaient au *Komsomol* : le plus âgé — vingt-quatre ans — était déjà inscrit comme « candidat » au parti communiste. La « technique » du crime se ressentit ostensiblement de tous ces stages révolutionnaires. Elle révéla les meilleures méthodes socialistes, un parfait souci de la division du travail, un esprit de système pointilleux. Des camarades maîtrisaient l'étudiante, d'autres faisaient le guet ; et le chef d'une importante section du *Komsomol*, Kotcherguine, qui, le premier, eut l'idée de cette petite fête nocturne, inscrivait les noms des amateurs et prélevait, comme récompense pour son génie inventif, quinze copecks sur chaque participant. Le plus loquace de toute la bande, Kotcherguine, plaida dans ces termes : « Nous nous sommes tout simplement un peu amusés avec une femme.... Rien de très important... Nous ne sommes pas des bêtes féroces, nous ne sommes pas des apaches, nous sommes des jeunes gens tout à fait ordinaires.... »

On ne saurait mieux dire : au point de vue communiste, Kotcherguine et ses amis sont précisément des jeunes gens tout à fait ordinaires. Leur exploit n'a dû son retentissement qu'à l'importance géographique de l'ancienne capitale. Si la ruelle Tchoubarof ne se trouvait pas à Pétrograd, la presse lui aurait consacré une dizaine de lignes sous la rubrique générale de faits-divers, comme elle en a pris depuis longtemps l'habitude pour des affaires aussi banales. Or, il n'est plus de ville en Russie, il n'est plus de village qui n'ait sa ruelle Tchoubarof. A la même époque où éclatait le scandale de Pétrograd, la province lui faisait la plus écrasante des concurrences. A Pokrovsky, six membres éminents du *Komsomol* nationalisent une jeune paysanne qui se pend de honte. Dans le gouvernement de Tzaritzyne, douze marxistes avancés martyrisent une ouvrière agricole et onze employés de chemins de fer se partagent une fillette de treize ans. La G. P. Ou. ne veut pas se laisser distancer dans le domaine de ce matérialisme révolutionnaire : treize miliciens ligotent une paysanne et la sacrifient sur l'autel de la Vénus rouge ; la *Krasnaia Gazeta* (20 octobre 1926) donne sur cette affaire des détails particulièrement odieux. Non moins atroce est le procès de Velikia Louki : une paysanne enceinte de six mois livrée à un « groupe » de *houligany*. Mais il n'y a pas de limite aux cauchemars soviétiques. A Votkins, une paysanne reste pendant quatorze heures à la merci de seize apaches : on la ramasse, le corps ensanglanté et le cerveau frappé de démence, à la lisière du village (*Pravda* du 28 août 1928). A Bounakowo, pour échapper au devoir d'épouser une jeune fille qu'il avait séduite, un digne disciple de Mme Kollontay jeta sa fiancée en pâture à une douzaine de camarades ; bien plus, il leur prêta main-forte (*Krasnaia Gazeta* du 9 septembre 1926 et *Izvestia*, nº 298 de la même année). Le communisme a réécrit la *Bezdna* d'Andréef à sa façon. Chez l'écrivain bourgeois, une jeune fille, violée par des bandits, voit se pencher le visage angoissé de son amoureux, un étudiant « idéaliste », l'échantillon le plus pur de l' « Intelligence », et le vague éclair de concupiscence qu'elle découvre dans son regard suffit pour lui faire toucher le fond de l'abîme, la *Bezdna*. Dans la pratique communiste, l'étudiant se serait associé aux bandits.

Le viol, en effet, n'est pas au pays des Soviets le crime méphitique où se spécialisent les écumeurs des grands chemins, les apaches et les analphabètes du socialisme. Les intellectuels ont aussi leurs *houligany*. Dès les bancs de l'école, les enfants apprennent à pratiquer l' « amour libre » en supprimant la liberté de la femme : des gredins de douze à quatorze ans ont dépassé en horreur, à Tcheliabinsk et à Kharkof, le drame de Tchoubarof, et les élèves d'une école primaire à Moscou se montrèrent assez précoces pour violer l'institutrice, chargée de leur enseigner la morale léniniste.

Deux procès, peut-être les plus édifiants de tous, permettent de prévoir ce que deviendront en mûrissant des « physiologies » aussi entreprenantes. Le premier avait mis en cause le président du tribunal de Lougansk, qui, au cours d'une saturnale organisée pour commémorer le dixième anniversaire de la révolution d'Octobre, viola en public la femme du chef de la milice, sous les yeux de son propre mari (*Rabotchaia Gazeta* du 15 décembre 1927). Le second donna le coup de grâce à la « culture prolétarienne » : trois jeunes auteurs, parmi les plus populaires de l'U. R. S. S., parmi les plus goûtés du public communiste, Anokhine, Avronstchenko et Altschuller, les deux premiers membres de la *Vapp*, l'association pan-russe d'écrivains prolétariens, le troisième secrétaire de cette organisation, bref les vrais fils spirituels de Lounatcharsky, attirèrent une *Komsomolka*, Islamowa, dans une chambre d'hôtel sous prétexte de récitations littéraires, puis, après l'avoir enivrée, en firent, à tour de rôle, avec un sadisme méthodique, le jouet de leur bestialité : Islamowa ne reprit connaissance que pour se tirer une balle de revolver (*Izvestia* du 23 mai 1928).

Ce roman d' « amour » vécu résume la pensée, la poésie et la morale de classe.

QUATRIÈME PARTIE

LA MOBILISATION DE L'ASIE

I

A LA CURÉE DE L'EUROPE

La mystique bolcheviste, — nous le savons, — se réclame du progrès technique et de la science moderne. Elle se prétend l'émanation directe des cliniques et des laboratoires, des musées d'histoire naturelle et des analyses microscopiques. Comme tous les novateurs russes, les bolcheviks seraient donc des « occidentalistes » convaincus ! Ils reprendraient les traditions des Variagues ! Ils modèleraient l' « Orient moujik » à l'image d'une Europe idéale ! Rurik a préparé la voie à Pierre ; Pierre a rendu possible l'avènement de Lénine : tels sont les trois géants qui, le regard fixé sur l'Occident, imitateurs d'abord, créateurs ensuite, ont fait surgir peu à peu, d'une immense plaine anarchique, un État prototype des sociétés futures.

Le communisme a son imagerie d'Epinal. Il prend volontiers comme symbole, dans les prospectus de la IIIe Internationale, le moujik européanisé qui préside au fonctionnement des machines rurales en lisant le *Kapital.* Les pires poisons de l'Asie nous parviennent ainsi sous le camouflage du marxisme scientifique. Tandis que la Russie déchaîne contre l'Occident les assauts des anthropoïdes fanatisés, l'étiquette pseudo-européenne suffit pour confondre aux yeux de tout un prolétariat égaré le léninisme avec la civilisation. Bien plus : elle suffit pour répandre, dans certains milieux conservateurs russes, cette conception infiniment dangereuse que le communisme est un fléau occidental par excellence, que la Russie est une victime de l' « Europe pourrie », et qu'il n'existe désormais qu'un seul moyen de salut radical : verrouiller la fenêtre percée par Pierre le Grand et ouverte par Lénine à tous les miasmes de l'Ouest, reprendre le chemin de l'Orient et chercher la régénération dans la profondeur féconde de la nuit mongole. La propagande de l'Internationale a enraciné chez ses adversaires des erreurs non moins funestes que chez ses partisans.

La vérité, c'est que Lénine n'a jamais varié dans son attachement à l'Asie. A l'heure où son nom était connu seulement de l'*Okhrana* et de quelques rares adeptes qui gesticulaient dans les brasseries de Zurich, le futur Padischah de la Russie applaudissait sans réserve au soulèvement des Boxers. Il identifiait si étroitement les succès du communisme avec les victoires de l'Asie que même la chute de Port-Arthur l'avait transporté de joie. « La bourgeoisie européenne a des raisons pour trembler, écrivait-il dans une feuille d'émigrés révolutionnaire, l'*Iskra*; mais le prolétariat mondial est en droit de relever la tête : pour la première fois, le vieux monde est humilié par une irréparable défaite. » D'année en année, sous la plume de Lénine, ces tendances anti-européennes se précisent avec une brutalité croissante. De plus en plus, la révolution, pourtant encore à l'état potentiel, oppose à l' « Europe arriérée les vrais peuples d'avant-garde, les peuples asiatiques ». Dans la *Pravda* du 18 mai 1913, alors une feuille illégale, on trouvera déjà l'exposé de la politique qui a triomphé en 1927 à Canton et à Shanghaï.... Libre à l'Internationale majoritaire, — « vassale camouflée du capitalisme » — de négliger les « immenses gisements de combustible révolutionnaire enfouis dans le sol oriental » ; libre aux « social-traîtres » et aux « social-patriotes » de prétendre, à la suite de Branting, au titre « bourgeois » de grand Européen. Tandis que la conférence d'Amsterdam avait repoussé la requête de l'Hindou Dadabao-Naoredji, la IIIe Internationale, un an après sa fondation, ouvrait son giron aux ambassadeurs des « camarades » noirs, basanés et jaunes. Le fameux « Vatican moujik » devenait une Mecque à l'usage de toutes les revendications coloniales. Il réalisait, suivant l'expression de Lénine, un « pont indémolissable entre l'Orient et l'Occident, entre les sommets du prolétariat russe et les masses profondes de l'Afrique et de l'Asie, destinées à balayer l'univers entier ».

Offensive irrésistible, prédisait Lénine en 1922, dans un article enflammé consacré au jubilé de la *Pravda*. « La Chine comme les Indes, soit au minimum 700 millions d'hommes, écument et bouillonnent. Que l'on y ajoute les autres régions asiatiques, les possessions coloniales : au bas mot, c'est une bonne moitié de la population terrestre qui s'entraîne à la lutte révolutionnaire, prodrome de la révolution mondiale.... »

Au Ve Congrès de l'Internationale, Manouilsky, rapporteur pour les « problèmes nationaux », n'a fait que reprendre en détail ces arguments statistiques : « Tout Anglais règne sur neuf esclaves : 46 millions d'Anglais commandent à 429 millions de parias », inventaire dont se dégage une seule vérité : il est impossible de briser les puissances capitalistes sans mettre en mouvement les réserves de l'humanité asservie ; pour compromettre la « stabilisation » sociale des métropoles, il faut les frapper dans leurs œuvres vives d'outre-mer, dans leurs zones d'influence et dans leurs protectorats. Le raisonnement bolchevik, comme d'habitude, revêt le schématisme barbare de la logique léniniste : les troubles allumés sur les terres volcaniques d'Orient doivent provoquer des interventions européennes, ces interventions doivent dégénérer en guerres, et les guerres, — l'expérience russe l'a déjà prouvé d'une façon irréfutable, — réunissent les conditions les plus favorables au développement du communisme.

« Le boycottage de la guerre, répétait Lénine, n'est qu'une formule idiote. Les communistes doivent accepter n'importe quelle guerre réactionnaire. Ils doivent tout simplement, au moment opportun, tourner les armes contre les impérialistes de leur propre pays.... » Au seuil de l'abîme, quelques semaines avant de mourir, le père du communisme reprenait ce testament de cauchemar : il justifiait la guerre — l' « argument de bâton » international — et indiquait ses alliés au bolchevisme : la puissance des ténèbres orientales : « C'est l'intervention des peuples d'Orient qui décidera du sort de l'univers, mais il appartient à la Russie soviétique de galvaniser et d'organiser l'activité révolutionnaire des masses asiatiques. »

Les élèves ont fidèlement exécuté le testament du Maître.

Pour assurer des cadres instruits aux nouvelles invasions mongoles, le commissariat de la guerre a créé tout un réseau d'écoles militaires: Ecole unifiée des nationalités de l'Asie Centrale, Ecole Tataro-Bashkire, Ecole internationale unifiée d'Adzerbeidjan, Ecole Turkmène, la Section orientale de l'Académie d'Etat-Major, et enfin l'Université communiste des travailleurs d'Orient, complètement militarisée depuis octobre 1925. En dehors de ces établissements pédagogiques qui leur sont spécialement affectés, de futurs Tamerlans, de futurs Attilas, délégués par toutes les régions asiatiques, même par les communistes coréens, sont admis à suivre l'enseignement des écoles d'aviation, d'artillerie, de chimie.

Mais les Soviets ne se contentent pas d'instruire les meneurs chargés de conduire les chevauchées barbares de l'avenir : ils prêtent généreusement leurs propres cadres à tous les États où fermentent les haines anti-européennes. L'armée mongole, sous les ordres de Tchay Bal San, un ancien élève breveté de Moscou, n'est qu'une sœur cadette de l'armée rouge, engorgée d'une pléthore d'officiers soviétiques. Grâce aux efforts du camarade Rink, attaché militaire de l'U. R. S. S., des « spécialistes bolcheviks » ont pénétré dans l'armée afghane. Depuis l'été 1925, des officiers russes ont pris en foule le chemin de Canton, un certain nombre d'officiers allemands aussi, et les missions des généraux Sun-Pin et Hu-Han-Min, ainsi que la délégation de l'Ecole Vampu, qui avaient longuement séjourné à Moscou, ont travaillé pendant des mois à mettre au point les conditions militaires et financières de la coopération russo-sudiste.

Après les cadres, le matériel de guerre. Les Soviets n'ont cessé de multiplier à l'Est de la Russie et en Sibérie des usines d'aviation, d'artillerie et de gaz asphyxiants, à Perm, à Orenbourg et surtout à Omsk. Ils ont fait de leur circonscription militaire sibérienne une magnifique place d'armes et du port de Vladivostock une base formidable d'approvisionnement.

Enfin, après les substances toxiques et les engins de mort, des fabriques de propagande, l'exportation en gros de virus social, de venin révolutionnaire.

Qu'on se représente une séance démoniaque dans les tréfonds du Kremlin, sous les coupoles décapitées de leurs croix et de leurs aigles : des statistiques, des diagrammes, des dépêches diplomatiques, des rapports d'agents, des fiches, tous les services d'un grand État mis à la disposition d'une tourbe de malfaiteurs, et, penchés sur des cartes semées de taches sanglantes qui indiquent les foyers de gangrène, les profils crochus des principaux incendiaires cherchant l'endroit le plus propice à l'exécution d'un mauvais coup.... Gravement, à l'aide de ses agents, le Comité mesure, de loin, le pouls du continent jaune ou noir. Il enregistre les soubresauts de la fièvre, il se délecte à la musique tumultueuse du délire : il tâche de prévoir la capacité d'une résistance nationale et morale, il hume avec délices les odeurs du charnier marocain, il aspire avec une joie satanique les relents du sang répandu à Canton et à Shanghaï.... Les cadavres fument, l'incendie s'étend. Et, pour attiser les flammes, l'Internationale s'époumonne à souffler son haleine empoisonnée.

Nulle part, d'ailleurs, il faut en convenir, la propagande bolchevique ne se heurte à moins de résistance qu'en Orient (1). Elle ignore les murailles de Chine. « L'idée de Soviet est si simple, affirmait Lénine au IIe Congrès de l'Internationale, elle est si accessible aux grandes masses de la population, qu'elle peut s'acclimater partout, chez les Chinois, chez les Hindous : nous verrons certainement s'établir, un jour, dans ces pays, un gouvernement de forme soviétique. » C'est qu'aux mains des casuistes et des stratèges de la IIIe Internationale, l' « idée de Soviet » n'est pas une entité immuable, une catégorie fixe : elle est, au contraire, un cadre infiniment élastique, dont le contenu s'adapte aux latitudes et se plie aux besoins du « chambardement » mondial. Il importe donc assez peu que l'Orient, théâtre principal de la propagande bolchevique, ne soit guère prolétarien au sens exact de la terminologie marxiste. Cet « obscurantisme » n'embarrasse nullement les continuateurs de Karl Marx : il leur suffira d'orientaliser le manifeste

(1) Les conflits entre le gouvernement de Moscou et ceux de Moukden ou de Nankin laissent intacte cette vérité fondamentale. Il serait aisé de montrer que ces conflits ne surgissent que dans deux cas spéciaux — double exception qui confirme la règle : soit quand il arrive au commissariat des Affaires étrangères de reprendre l'ancienne politique de l'Empire, soit quand un gouvernement chinois s'européanise au point de devenir moins asiatique que la Russie communiste.

communiste en généralisant les appels à la révolte. « Prolétaires de tous les pays et peuples opprimés, unissez-vous !... » Tel est le cri de ralliement et de guerre, lorsque l'Internationale harangue à la fois toutes les variétés de sa clientèle.

La formule est complète à souhait et d'une application indéfinie, dans l'espace comme dans le temps. Elle embrasse en bloc l'Orient tout entier, puisque l'Orient tout entier se compose *à priori* de peuples opprimés. Mais, comme la nature des oppresseurs n'est pas homogène, il est logique que les méthodes de propagande répondent très exactement à la mosaïque sociale et politique des conditions locales. Dans un cours d'action directe professé à l'Université communiste des peuples d'Orient, Staline, l'homme qui détient pratiquement le sceptre des Tzars, a dressé en détail la carte révolutionnaire de l'Orient. Les États Orientaux, d'après cet enseignement, se divisent en trois groupements caractéristiques dont chacun appelle une tactique spéciale. Dans les pays comme le Maroc, par exemple, dépourvus de prolétariat industriel, et où la bourgeoisie locale forme un bloc hostile au capitalisme européen, les communistes doivent collaborer à la création d'un front national unique contre les impérialistes. Dans les États comme la Chine et l'Egypte, où le cartel bourgeois s'est dissocié, mais sans avoir encore lié partie avec l'impérialisme, les communistes doivent s'appliquer surtout à la formation d'une alliance entre les petits bourgeois nationalistes et les ouvriers révolutionnaires. Enfin, dans les pays comme les Indes, où des éléments bourgeois pactisent avec la bourgeoisie impérialiste et combattent l'œuvre de libération, c'est au prolétariat seul qu'appartient l'honneur de se mettre à la tête du mouvement national (1).

L' « idée soviétique », on le voit, diffère de façon radicale, suivant qu'elle est exportée à l'Est ou à l'Ouest de Moscou. Caméléon mondial, Staline n'hésite pas à coiffer le fez et le turban pour se conformer à la couleur locale. Citoyen de la patrie socialiste à Paris, à Londres, à Moscou, il est Rifain au Maroc, Chinois à Shanghaï, Hindou à Bombay, Egyptien à l'ombre des pyramides. Il n'est pas en Orient d'organisation plus nationale, plus nationaliste que la IIIe Internationale. Sous prétexte que les intérêts de classe s'y confondent, du moins à titre provisoire, avec les intérêts nationaux, elle s'érige en champion de tous les Piémonts africains et asiatiques. Elle tend la main fraternelle aux Cavours jaunes et aux Bismarcks nègres. Elle renonce aux privilèges et aux traités dont la Russie bénéficiait en raison de sa qualité européenne ; elle devient l'arsenal, la poudrière, le banquier des moindres tribus qui revendiquent leur indépendance et qui massacrent les missionnaires chrétiens.

Ainsi s'éclairent violemment les raisons profondes, inéluctables, du *Drang nach Osten* révolutionnaire. Le bolchevisme se plie à la loi du moindre effort. Incapable d'emporter la citadelle européenne d'assaut, il essaye de la contourner et de la prendre en traître : il transige sans rougir avec tous les ennemis de l'Occident ; il lève des renforts dans les bas-fonds de la sauvagerie humaine. Application

(1) Le VIe Congrès de l'Internationale a fixé, sous une forme définitive et obligatoire, toutes ces règles de stratégie coloniale.

imprévue du précepte classique de Tchaadaef, le père spirituel du bolchevisme : « Tout ce qui contribue à la victoire de la révolution est légitime.... » Que la Révolution triomphe, même si l'herbe ne doit plus repousser sur la terre piétinée par les coursiers de l'Apocalypse, mais qu'elle triomphe !... Le « pont indémolissable entre l'Europe et l'Asie », c'est la route de l'Occident ouverte, sous un camouflage idéologique, aux ruées des vandales contre la civilisation... un pont dont Borodine a été bien près d'édifier à Canton les premières arcatures.

Le léninisme, ici, ne fait qu'appliquer sur une échelle planétaire les méthodes de recrutement qui lui avaient assuré la victoire en Russie. Les premiers bourreaux de la Russie n'ont-ils pas été des Chinois? Le service que demandent aujourd'hui les Soviets à l'Asie, c'est d'être le bourreau de l'Europe. La *Tché-ka* n'a pas connu de tortionnaires plus méticuleux et plus impassibles que les fauves exotiques, embrigadés par Trotzky au service de la terreur : étrangers à la douleur d'une autre race, ils ont travaillé avec la précision mathématique d'une guillotine. Pour décapiter l'Europe de son élite, ils témoigneront des mêmes incomparables qualités techniques. Insurgés contre l'ordre européen, ils n'en détruiront que mieux l'un de ses aspects : l'ordre capitaliste. Inconscients de la civilisation européenne, ils n'auront pas un frisson de pitié devant les trésors de la culture bourgeoise. Une entreprise de démolition universelle saurait-elle souhaiter une meilleure main-d'œuvre? Périsse l'Europe, puisque le régime capitaliste ne peut s'effondrer qu'avec elle !

Et qu'il s'agisse d'exécuter l'Europe ou la Russie, les mêmes méthodes appliquées avec une logique d'aliénés. Pour seconder le bourreau, guerre à la mentalité et à la foi qui opposent des digues encore trop robustes à la poussée orientale. A l'exemple de la Russie, l'Europe doit être déspiritualisée et déchristianisée. De même que l'athéisme scientifique recrute des alliés parmi les *klikouchi* intérieurs, l'Internationale cherchera des auxiliaires extérieurs dans l'Islam, le Bouddhisme, le Tâoïsme, le fétichisme le plus barbare. En Orient comme en Russie, alliance avec les sorciers contre le christianisme.

Dès 1920, une propagande merveilleusement adaptée à l'auditoire chinois du *Komintern* — étudiants révolutionnaires et coolies faméliques, — dénonçait dans le christianisme un instrument de pénétration occidentale et de domination capitaliste. Une « fédération antireligieuse » se fonde à Pékin, une « ligue antichrétienne » à Shanghaï. La jeunesse bolchevisée de Canton exige des autorités la proscription de l'Évangile et de la *Bible*, l'interdiction aux étrangers d'enseigner dans les écoles chinoises et d'y faire célébrer des offices religieux. Dans la province de Hou-Nan, les élèves célestes des écoles chrétiennes proclament la grève, lacèrent les *Bibles*, en traînent les feuillets dans la boue. A Shanghaï, les étudiants répandent des proclamations dans le style moscovite le plus pur, pour accuser le prosélytisme chrétien de « détruire la civilisation chinoise » et de « livrer les richesses de la Chine à l'exploitation étrangère ». « A bas le christianisme ! ce cri, disaient les *Izvestia*, est synonyme en Chine d' « à bas l'impérialisme ». Et, par impérialisme, il convient d'entendre ici l'influence d'une « Europe arriérée » sur les peuples avancés de l'Asie, cet éternel berceau de l'humanité, même de l'humanité socialiste.

La Chine aux Chinois, l'Asie aux Asiatiques ! Le nationalisme exacerbé de ces formules s'accommode admirablement de la mystique bolcheviste ; mais que l'Europe prétende aux mêmes privilèges, qu'elle s'arroge des droits à l'indépendance, qu'elle réclame le traitement réservé par Moscou aux tribus congolaises, la IIIe Internationale s'empresse de crier à l'hérésie communiste. L'Europe n'est pas aux Européens : elle est vouée à la dictature d'une seule classe, simple avant-garde de la terreur orientale.

II

LE SOCIALISME MONGOL

Entre l'avant-garde et le gros des troupes jaunes, la cohésion est complète. Pour la IIIe Internationale, l'Orient est bolchevik d'instinct, comme Lénine, pour l'Orient, a définitivement pris place aux côtés de Confucius et de Mahomet.

« Lénine n'est pas mort, chante le poète Mirsa Mahmed Ali, puisque sa pensée reste toujours avec nous.... Lénine vénérait l'Islam, et l'Islam à son tour le vénérera. Les générations futures voueront un culte éternel à celui dont le grand cœur souffrait pour la Perse.... »

Dans les steppes de la Transcaucasie, tandis que le mouton rôtit à la flamme du bûcher, un musicien aveugle exalte ainsi la splendeur du nouveau Messie : « Tous les cent ans naît un grand homme, et, telle une superbe montagne, il apparaît aux habitants de son pays. Mais jamais le monde n'a contemplé un homme de la taille de Lénine.... Il a été un grand homme pour l'humanité entière. Il a été le soleil qui monte dans le ciel.... »

Les Bouriates et les Mongols représentent Lénine

sous l'aspect d'un géant orné de formidables moustaches, vêtu d'une souquenille semée de pierres précieuses et fièrement campé sur un coursier écumant. C'est le « grand seigneur populaire », le chevalier divin qui a terrassé les Tzars. « Allah a gardé Lénine dans son palais cinquante jours et cinquante nuits, chantent les communistes touraniens : il lui a insufflé une partie de sa sagesse. Et Lénine est descendu sur la terre, dans tout l'éclat de sa magnificence céleste. Après avoir assuré le bonheur des peuples, il est remonté dans le giron d'Allah. Le nom de Lénine est synonyme de bonheur.... »

Dans les Indes Néerlandaises, au Japon, en Chine, les bardes du *Komintern* se lamentent sur la disparition du grand chef. « Le nègre sanglote parmi les bambous, les coolies pleurent sur les sables de Chine, le soleil s'éteint sur le Kremlin et la terre éplorée soupire : Lénine n'est plus, Lénine n'est plus.... » « Nous ne l'avons jamais vu, soupirent les poètes hindous, nous n'avons jamais entendu sa voix ; mais il est plus près de nous qu'un père. Il est né en avril, il est mort en janvier. Nous mettrons des habits clairs en avril pour chanter des mélodies joyeuses ; nous mettrons des habits noirs en janvier pour moduler des chansons tristes.... »

Et la *Pravda* s'attendrit sur ces contes de Mille et une Nuits communistes : la divinisation d'un athée invétéré, Lénine en turban et en babouches, récompensé par l'amour des houris. « Il faut des siècles pour créer des héros populaires, écrit le messager du Comité central ; mais il a suffi de quelques années pour transformer Lénine en un personnage mythologique ».

L'Asie a raison. Par leur naissance comme par leur éducation, les chefs de la IIIe Internationale ne sont pas Européens. Si les origines tartares de Lénine n'étaient officiellement établies, son facies kalmouk, la saillie mongole des pommettes, la coupe bridée des yeux, l'épaisse animalité de la lèvre et des narines suffiraient, en l'absence de toute recherche généalogique, pour révéler une parfaite affiliation au type touranien. Parmi la descendance spirituelle du maître, des sémites virulents, des métis qui se ressentent des invasions de la Horde d'or, des Scythes qui grimacent sous un affublement slave : la révolution mondiale a été aux mains de Zinovief, un formidable Juif ; elle est aux mains de Staline, un métèque oriental. Et, pour atténuer l'âpre exotisme de ces origines, pour apaiser la fermentation d'un sang acide, pour discipliner les véhémences de la pensée, pas une trace de cette éducation classique dont l'absence, déjà d'après Tchaadaef, devait faire la perte de la Russie : après le ghetto lithuanien et le bazar de Koutaïs, une formation dans le vide, en dehors de l'Europe ; une féroce accumulation de rancunes, une préparation de diaboliques vengeances sous prétexte de nihilisme moral, social, intellectuel. Envisagé à vol d'oiseau, le bolchevisme russe est une doctrine sémitique appliquée par des Asiatiques primaires. Ce qu'il emprunte à l'Occident, c'est seulement l'outillage technique, les procédés mécaniques dont s'accommodent son « matérialisme économique » et ses rêves de domination universelle : la machine sans âme pour industrialiser la production, la machine qui tue pour industrialiser la guerre. Oui, l'Asie a raison. Elle reconnaît Lénine pour l'un des siens, non seulement d'après l'atavisme qui éclate dans le masque mongol, mais aussi d'après la structure de l'esprit, la filiation orientale de la pensée. En passant par le crible cérébral de cet étonnant simplificateur, le « marxisme scientifique » s'est appauvri de sa complexité et de ses nuances : émondé, desséché, il n'est plus qu'une suite de sentences comminatoires, qui se traduisent naturellement sous forme d'aphorismes impératifs et brefs comme des versets religieux. Le socialisme de Lénine est celui d'un barbare de génie, mais d'un barbare quand même. Ce pur Asiatique a fait irruption dans la sociologie, la politique et l'histoire, à la manière de ses lointains devanciers dans les jardins de l'Empire romain. Il a dévoré les espaces sans transitions ; il a saccagé les obstacles ; il a effleuré des sommets, puis, bride abattue, il a regagné les steppes pour y fourbir ses armes. Lénine avait toutes les qualités qui font les conquérants et les prophètes d'Orient : cet « intellectuel » bedonnant, au teint brouillé par la bile, éternellement penché sur sa table de travail, s'apparentait à la lignée des Gengis-Khan et des Tamerlans. Les révolutions sociales pour lui se réduisaient à l'idée asiatique d'invasion. Et l'Empire spécial qu'il a créé, la IIIe Internationale, reproduit d'une manière frappante les caractères d'une horde de conquérants nomades.

« Le Comité exécutif, déclara un jour Zinovief, peut aussi bien planter sa tente à Londres comme à Moscou, à Berlin comme à Paris.... » La IIIe Internationale est toujours prête à suivre les progrès des invasions révolutionnaires, comme elle est toujours résignée à battre en retraite aux extrêmes confins de l'Asie, en cas de danger. A l'heure où les Allemands menaçaient Pétrograd, Lénine proposait la fuite à Kazan, — ville tartare par excellence, — dans l'Oural, s'il le fallait, même dans les neiges du Kamtchatka.... La Russie pouvait s'effondrer sous les bottes germaniques : l'essentiel, c'était de sauver l'« idée soviétique », de trouver n'importe où, dans la désolation des marécages, des glaces ou des sables, un coin de terre assez grand pour pouvoir planter la « tente révolutionnaire », cette Acropole ambulante du bolchevisme, et pour hisser l'étendard sanglant des nomades vaincus.

Victorieuse, voici la horde rouge, après la horde d'or, fixée à Moscou, en pleine Rome byzantine. Le XIIe et le XIIIe siècles revivent sous les auspices du « marxisme scientifique » ; ils ressuscitent même sous une forme plus angoissante que l'époque où les princes de Moscovie baisaient l'étrier du vainqueur mongol. De politique, le joug de l'Asie est devenu aussi religieux, moral, intellectuel. Moins tolérants que leurs devanciers, les Tartares d'aujourd'hui imposent leurs croyances, leurs thaumaturges pouilleux, leurs mœurs sordides. Le socialisme intégral est un joug intégral.

Mais l'Asie a beau célébrer son sabbat sur le parvis même du Kremlin : tout un groupe de penseurs russes, adversaires déclarés du bolchevisme, école dont le titre seul est un programme et un drapeau, — l' « école eurasiatique » — continue à chercher la délivrance dans l'Asie, l'Asie dont l'ancien Empire des Tzars est déjà le corridor et le glacis !

« Les Eurasiatiques, écrit M. Pierre Savitzky, dans l'*Evraziisky Vremennik* (n° 4), s'inscrivent en faux contre le progrès universel.... La saturnale communiste, en Russie, est le couronnement de 200 ans d'européanisation.... »

Le prince Troubetzkoy précise cette théorie en affirmant que la Russie s'est pliée à deux tyrannies au cours de son histoire : l'une, la domination mongole, féconde et bienfaisante ; l'autre, la domination européenne, inaugurée par Pierre le Grand, destructive et délétère. C'est au fruit que l'on juge l'arbre. Deux siècles de « joug tartare » ont abouti à la cristallisation d'une Russie orthodoxe ; deux siècles de « joug européen » ont donné naissance à la fédération soviétique. Thèse spécieuse qui peut évidemment séduire les amateurs de paradoxes historiques, mais qui repose sur une conception singulièrement matérielle et simpliste du progrès européen, une conception asiatique, — une conception léniniste. Si la Russie est tombée aux griffes du « matérialisme économique », si, d'Empire à façade européenne, elle s'est transformée en U. R. S. S., c'est parce qu'elle n'a pas eu la force ou le temps d'achever l'œuvre pétrovienne et d'emprunter à l'Europe, après ses machines, ses fusils et ses chantiers, cette quintessence véritable du progrès : l'esprit européen. Si la Russie seule s'est laissé contaminer par le mal communiste, c'est parce qu'elle restait encore asiatique sous son mince badigeonnage occidental, c'est parce qu'elle était l' « Eurasie ».

Immense plaine amorphe étendue entre deux mondes, la Russie devait fatalement servir d'éternelle arène à la lutte de l'Orient contre l'Europe.

Elle a été asiatique avec les Khosars, les Tartares et les Soviets ; elle a été européenne avec Rurik et tout un cortège de grands Romanof, Pierre, Catherine, Alexandre. Et cet entre-croisement d'influences, ces alternatives de tyrannies ont fini par brasser si profondément la glèbe inconsistante de la steppe russe qu'elle est devenue, peu à peu, un simple réceptable historique, une terre toujours vacante à l'usage de nouveaux maîtres. Pour hausser la Russie au rôle de sujet, il avait toujours fallu l'impulsion d'une volonté étrangère ; par définition, elle restait confinée au rôle mélancolique d'objet et de proie, une plaine « passive et féminine » comme disait Merejkovsky, labourée par trop d'invasions, déchirée par trop de viols, pour pouvoir constituer un patrimoine de traditions, une personnalité indépendante.

Après Tchaadaef, après Merejkovsky, un implacable observateur, Saltykof (*Les deux Russies*), vient de mettre à nu cette irrémédiable misère : « Les extrêmes et les contradictions de l'âme russe ne sont-elles pas le grondement du chaos anarchiste primitif qui nous vient de l'abîme des millénaires?... Tendances aux idées rudimentaires et uniformes : tels sont nos goûts naturels. Crainte des altitudes. Crainte de la profondeur. Crainte des pensées complexes. Recherche d'une plate et brutale simplification. Et, en même temps, aversion pour l'unité organique et le syllogisme. Une stupéfiante absence de curiosité.... Une paresse de la pensée qui décourageait tellement Pouchkine.... Comme résultante, enfin, de cette psychologie, aucun attachement véritable à la civilisation, car la civilisation est complexe, alors que nous aimons le simple ; car la civilisation est l'amour de la vie, alors qu'enfants du chaos et de la mort, nous sommes incapables d'éprouver la joie de vivre.... »

« L'Empereur est tout puissant, disait, à l'aube du siècle dernier, un ambassadeur de la Cour de Saint-Pétersbourg : il peut même changer la date du dimanche de Pâques. » Ce diplomate ne commettait qu'une seule erreur, une erreur de mot : remplaçons le terme « empereur » par celui de pouvoir, n'importe quel pouvoir, pourvu qu'il use sans frein de son despotisme oriental, et les possibilités les plus saugrenues deviennent réalisables en Russie sur un simple geste du satrape, qu'il se réclame du droit divin ou de la dictature prolétarienne. Une séquelle d'aventuriers athées n'a-t-elle pas dépassé aujourd'hui en puissance une monarchie ointe de Dieu? Les Soviets n'ont-ils pas précisément changé la date du dimanche de Pâques?

Déjà, en pleine apothéose impériale, au début du XIXe siècle, Joseph de Maistre touchait à la racine du mal. Il constatait que la crainte du Tzar, chez le peuple, s'accommodait étrangement d'un mépris souverain pour son pouvoir. Conséquence directe des tares originelles dénoncées par Saltykof : « paresse de la pensée, crainte de l'unité organique, aversion pour la logique », cette synthèse de contraires, qui tranche sur toutes les conceptions occidentales, a seule rendu possible l'avènement et surtout la durée du bolchevisme, caricature du régime impérial.

C'est que le peuple russe, anarchiste d'instinct, mais esclave par indolence et par habitude, est toujours resté étranger à la notion de l'État : il l'a toujours confondu avec le gendarme que l'on redoute, que l'on tolère, que l'on méprise et que l'on trompe : hier la police tzariste, avant-hier la « troisième section » et, plus loin dans le temps, les séides de Biron, les *strelzy* de Sophie, les *opritchniki* d'Ivan le Terrible, aujourd'hui la *Tché-ka* et la G. P. Ou.

C'est dans cette impuissance de s'assimiler le principe même du pouvoir que réside la cause essentielle de tous les cataclysmes russes : l'effondrement de l'antique Moscovie dans la déliquescence de « l'époque trouble »; l'effondrement de l'Empire pétrovien dans la déliquescence communiste. A deux reprises, les « grondements du chaos anarchiste primitif » ont balayé les assises superficielles des régimes bâtis sur les terrains mouvants de la steppe eurasiatique. Pas de révolutions, mais des émeutes, « ces émeutes russes, impitoyables et absurdes, comme écrivait Pouchkine dans son histoire de Pougatchof : que Dieu nous en préserve.... » Or, en grande pompe, les Soviets ont inauguré un monument à ce cosaque nomade qui pratiquait le manifeste communiste plus d'un siècle avant sa publication ! Reconnaissance justifiée ! Pougatchof, à la tête de ses bandes orientales, ne déclarait-il pas la guerre à l'Empire européen de Catherine?

Pougatchof et Lénine : explosions de la lave asiatique qui couve toujours sous l'écorce de la steppe et qui, de siècle en siècle, se répand à la surface en flots incoercibles....

A cet égard la fondation d'une capitale européenne sur les marécages se présente comme éminemment symbolique de l'œuvre pétrovienne. Au même titre que les rives limoneuses de la Néva, il fallait consolider toute la terre, trop plastique, trop molle, de la Moscovie asiatique, l'épurer de ses germes mortels, la vêtir de granit et de fer, la réduire à l'« unité organique » d'un Empire, en faire un prolongement de l'Europe. La Russie était sauvée par un nouvel appel aux Variagues. Et, tant que l'Empire ne redoutait pas l'Occident, tant qu'il ouvrait ses fenêtres à tous les vents de l'Europe et ses portes mêmes aux encyclopédistes, la Russie demeurait un magnifique État moderne, lancé, comme la fameuse troïka de Gogol, à travers les libres espaces d'un avenir ensoleillé. Le déclin n'a commencé qu'au moment où l'Empire a pris soudain peur de l'Europe. Par crainte de la révolution occidentale, il s'est barricadé contre l'Occident tout entier : il a cherché des panacées dans les troubles rêveries slavophiles, dans l'idolâtrie du moujik et de la glèbe, dans toutes les vanités du messianisme anti-européen. Après avoir pris son vol avec le coursier de Falconet, qui hume de ses naseaux dilatés les souffles de l'Europe et se cabre sous l'éperon génial du réformateur, le tzarisme s'est ramassé dans la lourde stature d'Alexandre III, figé sur une bête épaisse, — un bronze soufflé de la décadence : le dernier des autocrates a dépouillé la toge classique du grand devancier ; un bonnet de fourrure écrase son front ; il tourne le dos à l'Occident pour scruter les horizons asiatiques ; retenu d'une main encore puissante, mais atteinte déjà de sclérose, son cheval s'est arrêté au bord du gouffre et mâche son mors, désespérément. Après la galopade ailée, la stagnation, le recul, le retard sur toute la ligne, le retard que Pierre le Grand ne cessait jamais de comparer à la mort. La Russie trahissait son fondateur. Elle redevenait l' « Eurasie » : la Russie négative, pour employer les termes de M. Saltykof, triomphait de la Russie positive. Mais l'on ne fait pas plus sa part à l'Orient qu'au bolchevisme. On n'entr'ouvre pas impunément les écluses qui contenaient le bouillonnement du « chaos primitif ».

Pendant que les régiments, restés fidèles à Nicolas Ier, mitraillaient à bout portant les décembristes sur la place du Sénat, Pestel aurait eu ce cri de visionnaire : « Nous aurons un jour notre révolution.... une révolution inédite encore... insoupçonnée de tous !... » Et la Russie, environ un siècle plus tard, accomplissait à la lettre cette prophétie tragique en appelant les Scythes à la place des Variagues.

Ecroulement de l'œuvre pétrovienne : le communisme russe n'a pas d'autre signification historique. S'il est vrai qu'une révolution trouve son unique excuse dans l'impossibilité du progrès sans violence, le bolchevisme, qui marie la violence au recul, offre un type de révolution « inédit ». Il n'a été qu'une destruction stupide et brutale. Catastrophe russe, mais aussi défaite européenne. Comme *hinterland* de l'Europe, la Russie servait à l'Occident d'avant-poste contre l'Asie : elle européanisait l'Orient à son tour ; elle était un facteur et une digue de la civilisation. Aujourd'hui, à la suite d'un vertigigeux renversement de rôles, la Russie annule un effort deux fois séculaire ; elle répudie sa mission historique ; elle devient l'iconoclaste de l'humanité. Après avoir, pendant près de onze ans, dépecé la substance grise du peuple russe, la mystique bolcheviste s'attaque au cerveau du monde.

Ce n'est qu'au prix de cette monstrueuse offrande, dans une nuit totale, que la IIIe Internationale pourra proclamer la dictature universelle de la bête.

Ex Oriente Nox....

TABLE DES MATIÈRES

PREMIÈRE PARTIE

L'ANNEXION DE LA PENSÉE

DEUXIÈME PARTIE

EXISTE-T-IL UNE POÉSIE PROLÉTARIENNE ?

TROSIÈME PARTIE

LA MORALE ROUGE

QUATRIÈME PARTIE

LA MOBILISATION DE L'ASIE

IMPRIMERIE CRÉTÉ
CORBEIL (S.-ET-O.)
1135 - 9 - 1929.

12 fr.

www.ingramcontent.com/pod-product-compliance
Ingram Content Group UK Ltd.
Pitfield, Milton Keynes, MK11 3LW, UK
UKHW021132260726
13994UKWH00001B/103

9 782329 081885